DIREITO À SAÚDE E SOLIDARIEDADE NA CONSTITUIÇÃO BRASILEIRA

Conselho Editorial
André Luís Callegari
Carlos Alberto Molinaro
Daniel Francisco Mitidiero
Darci Guimarães Ribeiro
Draiton Gonzaga de Souza
Elaine Harzheim Macedo
Eugênio Facchini Neto
Giovani Agostini Saavedra
Ingo Wolfgang Sarlet
Jose Luis Bolzan de Morais
José Maria Rosa Tesheiner
Leandro Paulsen
Lenio Luiz Streck
Paulo Antônio Caliendo Velloso da Silveira
Rodrigo Wasem Galia

B238d   Barbosa, Jeferson Ferreira.
       Direito à saúde e solidariedade na Constituição brasileira /
Jeferson Ferreira Barbosa. – Porto Alegre: Livraria do Advogado Editora, 2014.
       120 p.; 23 cm.
       Inclui bibliografia e apêndice.
       ISBN 978-85-7348-921-7

       1. Direito à saúde. 2. Direito constitucional. 3. Direitos
fundamentais. 4. Responsabilidade solidária. I. Título.

CDU 34:614
CDD 341.27

Índice para catálogo sistemático:
1. Direito à saúde   34:614
2. Direito constitucional   342

(Bibliotecária responsável: Sabrina Leal Araujo – CRB 10/1507)

Jeferson Ferreira Barbosa

DIREITO À SAÚDE E SOLIDARIEDADE NA CONSTITUIÇÃO BRASILEIRA

Porto Alegre, 2014

© Jeferson Ferreira Barbosa, 2014

Capa, projeto gráfico e diagramação
Livraria do Advogado Editora

Revisão
Rosane Marques Borba

Imagem da capa
Stock.xchng

Direitos desta edição reservados por
Livraria do Advogado Editora Ltda.
Rua Riachuelo, 1300
90010-273 Porto Alegre RS
Fone/fax: 0800-51-7522
editora@livrariadoadvogado.com.br
www.doadvogado.com.br

Impresso no Brasil / Printed in Brazil

Agradecimentos

Ao meu orientador no Mestrado, o Professor Doutor Ingo Wolfgang Sarlet; ao Professor Doutor Carlos Alberto Molinaro; ao Professor Doutor João Biehl; à Professora Doutora Fernanda Luiza Fontoura de Medeiros.

À PUCRS; à Princeton University; à CAPES; ao CNPq; ao Observatório da Justiça Brasileira.

Aos colegas de pesquisa, aos docentes e discentes, envolvidos direta ou indiretamente nos projetos de que participei.

Prefácio

O tema sobre o qual versa a presente obra, Saúde e Federação na Constituição Federal de 1988, segue sendo de extrema relevância e atualidade. Além disso, o fato de se tratar de texto correspondente à dissertação de Mestrado aprovada com voto de louvor e apresentada perante banca examinadora por mim presidida (na condição de orientador) no âmbito do Programa de Pós-Graduação em Direito da PUCRS, faz com que a possibilidade de redigir o presente prefácio seja motivo de alegria e de orgulho.

Ainda que não se cuide de temática propriamente inovadora, a perspectiva da abordagem revela o cuidado do autor com a pesquisa e as questões de ordem teórica e prática que dizem respeito ao problema. Em que pese a regulamentação da Emenda Constitucional n° 29/2000 e a solidariedade entre os órgãos federativos estabelecida já pelo constituinte originário em matéria de saúde, a articulação entre os órgãos estatais e entre as diversas esferas da nossa Federação ainda não logrou alcançar níveis de eficiência dignos da realização satisfatória do direito fundamental à saúde dos cidadãos. O caso da saúde e do correspondente direito humano e fundamental do cidadão e do dever do Estado e da sociedade no que diz com a sua realização (proteção e promoção) revela, de modo emblemático, como a efetividade de direitos fundamentais guarda conexão com o tema da organização do Estado e da estruturação das competências legislativas e administrativas, mormente em um Estado Federal e quando no âmbito do Sistema Único de Saúde formatado na Constituição Federal de 1988 se enfatiza a descentralização. De outra parte, o tema, além de objeto de atenção cada vez maior na esfera doutrinária, tem ocupado lugar de destaque na pauta da assim chamada "judicialização da saúde", inclusive e especialmente no caso do STF.

O autor, JEFERSON FERREIRA BARBOSA, que, depois de ter concluído com sucesso o seu Mestrado (na condição de bolsista do CNPq), atualmente está a cursar o Doutorado na Alemanha (como bolsista do KAAD), na Universidade de Regensburg, onde, agora numa perspectiva comparada e voltada ao domínio das políticas públicas, segue investigando o tema sob a orientação principal do Prof. Dr. Alexander Graser, da Universidade de Regensburg. Tendo tido o privilégio de acompanhar JEFERSON desde a graduação em Direito na PUCRS, onde fui seu orientador de iniciação científica, cabe-me aqui dar testemunho da sua dedicação aos estudos e à pesquisa, o que acabou refletindo em trabalho enxuto, mas muito bem articulado e documentado, apto a agregar valor efetivo ao debate que segue aguardando, a despeito dos últimos desenvolvimentos doutrinários, legislativos, jurisprudenciais e administrativos, um adequado equacionamento.

Assim, autor e obra são merecedores da mais ampla receptividade possível no meio acadêmico e profissional, de tal sorte que nos cabe aqui apenas formular os votos de parabéns e de sucesso, votos extensivos à Livraria do Advogado Editora que mais uma vez acreditou num projeto.

Porto Alegre, junho de 2014.

Prof. Dr. Ingo Wolfgang Sarlet
Coordenador e Professor Titular do
Mestrado em Direito da PUCRS

Sumário

Abreviaturas e siglas 11

1. Introdução 13

2. Federalismo cooperativo e descentralização 17

**3. Competências concorrentes e normas da assistência
à saúde** 31

**4. Emenda Constitucional 29 como contributo para a
cooperação** 49

**5. Jurisprudência sobre responsabilidade solidária e
repartição de competências** 69

6. Considerações finais 95

Referências bibliográficas 99

**Apêndice A – Tabelas referentes aos municípios segundo
cada Estado** 103

Cumprimento do percentual mínimo pelos municípios
Rio Grande do Sul 103

Acre 103

Alagoas 104

Amapá 104

Amazonas 105

Bahia 105

Ceará 106

Espírito Santo 106

Goiás 107

Maranhão 107

Mato Grosso 108

Mato Grosso do Sul 108

Minas Gerais 109

Pará 109

Paraíba 110

Paraná 110
Pernambuco 111
Piauí 111
Rio de Janeiro 112
Rio Grande do Norte 112
Rondônia 113
Roraima 113
Santa Catarina 114
São Paulo 114
Sergipe 115
Tocantins 115

Apêndice B – Quadro comparativo quanto aos itens incluídos e excluídos para fins de apuração como ações e serviços públicos de saúde 117

Lista de tabelas e figuras

Tabela 1 – cumprimento do percentual mínimo pelos Estados 51

Figura 1 – aplicação do percentual da EC29 pelos Estados segundo dados do SIOPS 52

Tabela 2 – cumprimento do percentual mínimo pelo Estado do Rio Grande do Sul 52

Tabela 3 – cumprimento do percentual mínimo pelos municípios brasileiros 53

Figura 2 – aplicação do percentual da EC29 pelos municípios segundo dados do SIOPS 54

Figura 3 – relação entre municípios que não aplicaram os percentuais da EC29 e os que não transmitiram – segundo dados do SIOPS 55

Tabela 4 – cumprimento do percentual mínimo pelos municípios do Rio Grande do Sul 56

Tabela 5 – cumprimento do percentual mínimo pelos municípios do Paraná 56

Tabela 6 – cumprimento do percentual mínimo pelos municípios de Santa Catarina 57

Tabela 7 – despesas com ações e serviços públicos de saúde – segundo esfera de governo: 2000 a 2008 (em R$ milhares correntes) 62

Tabela 8 – responsabilidade dos entes federados 75

Tabela 9 – posição pró-responsabilidade solidária 76

Tabela 10 – posição pró-responsabilidade solidária e peculiaridades processuais 77

Abreviaturas e siglas

ADCT ....Ato das Disposições Constitucionais Transitórias

Adins ....Ações Diretas de Inconstitucionalidade

AIDS ....*Acquired Immune Deficiency Syndrome* (Síndrome da Imunodeficiência Adquirida)

CACON ....Centro de Assistência de Alta Complexidade em Oncologia

CAUC ....Cadastro Único de Exigências para Transferências Voluntárias

CF ....Constituição Federal (Constituição da República Federativa do Brasil, de 05 de outubro de 1988)

CIB ....Comissão Intergestores Bipartite

CIT ....Comissão Intergestores Tripartite

CNJ ....Conselho Nacional de Justiça

CNS ....Conselho Nacional de Saúde

CONASEMS ....Conselho Nacional de Secretários Municipais de Saúde

CONASS ....Conselho Nacional de Secretários de Saúde

CPMF ....Contribuição Provisória sobre Movimentação ou Transmissão de Valores e de Créditos e Direitos de Natureza Financeira

CRS ....Coordenadorias Regionais de Saúde

CSS ....Contribuição Social para a Saúde

DST .... Doenças Sexualmente Transmissíveis

EC 29 ....Emenda Constitucional 29, de 13 de setembro de 2000

ES ....Estado do Espírito Santo

FIOCRUZ ....Fundação Oswaldo Cruz

FUNDF ....Fundo de Manutenção e Desenvolvimento do Ensino Fundamental e de Valorização do Magistério

GPSM ....Gestão Plena dos Serviços Municipais de Saúde

HIV ....Human Immunodeficiency Virus (Vírus da Imunodeficiência Humana)

IBGE ....Instituto Brasileiro de Geografia e Estatística

INCA ....Instituto Nacional do Câncer

LC ....Lei Complementar

LC 141/2012 ....Lei Complementar 141, de 13 de janeiro de 2012

MDB ....Movimento Democrático Brasileiro
MS ....Ministério da Saúde
MT ....Estado de Mato Grosso
OMS ....Organização Mundial de Saúde
PFPB ....Programa Farmácia Popular do Brasil
PIB ....Produto Interno Bruto
PLS ....Projeto de Lei do Senado
PR ....Estado do Paraná
RE ....Recurso Extraordinário
RE-AgR ....Agravo Regimental no Recurso Extraordinário
RENAME ....Relação Nacional de Medicamentos Essenciais
RENASES ....Relação Nacional de Ações e Serviços de Saúde
REsp ....Recurso Especial
RHC ....Registro Hospitalar de Câncer
RS ....Estado do Rio Grande do Sul
SES ....Secretaria Estadual de Saúde
SIDA ....Síndrome da Imunodeficiência Adquirida
SIOPS ....Sistema de Informações sobre Orçamentos Públicos em Saúde
SS ....Suspensão de Segurança
STA ....Suspensão de Tutela Antecipada
STF ....Supremo Tribunal Federal
STJ ....Superior Tribunal de Justiça
SUS ....Sistema Único de Saúde
TCE ....Tribunal de Contas do Estado
TCU ....Tribunal de Contas da União
TJ/RJ ....Tribunal de Justiça do Estado do Rio de Janeiro
TJRS ....Tribunal de Justiça do Estado do Rio Grande do Sul
TRF4 ....Tribunal Regional Federal da 4ª Região

1. Introdução

O presente trabalho representa a publicação, em formato de livro, da dissertação de mestrado defendida em janeiro de 2012 no Programa de Pós-Graduação em Direito da Pontifícia Universidade Católica do Rio Grande do Sul e aborda a temática da cooperação e da responsabilidade solidária entre os entes federados (União, Estados, Municípios e Distrito Federal) para a realização do direito à saúde. O questionamento que norteia a investigação pode ser sintetizado da seguinte maneira: qual a relação entre a cooperação e o reconhecimento jurisprudencial da responsabilidade solidária entre as esferas federadas? Qual é a postura devida por parte dos entes federados?

Em um primeiro momento, trata do contexto de surgimento do federalismo e do federalismo cooperativo para posteriormente tratar da permanente tensão entre a centralização e a descentralização; entre a unidade e fragmentação do poder estatal. A pesquisa também abarca a apresentação dos resultados de um levantamento de normas que regulamentam a assistência à saúde, como forma de ilustrar o panorama de concretização das competências concorrentes. O terceiro item da pesquisa contém, de um lado, a investigação sobre o papel e desdobramentos da Emenda Constitucional 29 como contributo para a cooperação e, de outro, a apresentação de diversos diagnósticos acerca da gestão da saúde, bem como seus problemas metodológicos. A seção que trata da jurisprudência funciona da mesma forma: de um lado, investiga as diversas posições existentes no Judiciário; de outro, apresenta um levantamento de vários estudos empíricos que também apresentam pontos de vista sobre a gestão.

A pesquisa inclui, além do levantamento de bibliografia, buscas de decisões judiciais no *site* dos seguintes tribunais: Supremo

Tribunal Federal (STF);[1] Superior Tribunal de Justiça (STJ);[2] Tribunal Regional Federal da 4ª Região (TRF4)[3] e Tribunal de Justiça do Estado do Rio Grande do Sul (TJRS),[4] com marco inicial no ano de 2009. Com relação ao STF, adota-se uma abordagem quantitativa que é articulada com uma dimensão qualitativa e enriquecida com a análise também nos demais tribunais apontados. A análise qualitativa das decisões judiciais busca encontrar as principais linhas argumentativas, a evolução da jurisprudência e as principais problemáticas referentes ao tema investigado. Por esse motivo são utilizados também os critérios a seguir: (1) consulta a precedentes citados pelas próprias decisões judiciais; (2) uso de decisões importantes mencionadas por ferramentas disponibilizadas pelos próprios tribunais a exemplo da ferramenta do STF chamada "a constituição e o Supremo"[5] e dos informativos e seções de notícias dos *sites* dos tribunais; (3) decisões e abordagens trabalhadas em outras pesquisas sobre direito à saúde. Esses critérios buscam racionalizar o rastreamento e tornar possível encontrar decisões relevantes, as quais se encontram em meio a tantas outras que constam ao longo dos anos. São combinados esses vários critérios com a finalidade de reforçar a leitura em termos de evolução da jurisprudência e de vencer a grande dificuldade de se analisar todas as decisões desde 1988, data de promulgação da atual Constituição, a qual estabelece os marcos do direito à saúde. É realizada também uma revisão de normas gerais e específicas que regulamentam a assistência à saúde e também de dados orçamentários relativos à Emenda Constitucional 29.[6] Como forma de enriquecer a apresentação das posições jurisprudenciais, também é realizada uma revisão dos pronunciamentos da audiência pública sobre saúde do Supremo Tribunal Federal, realizados no dia 28 abril de 2009 e que tratam especificamente do tema "Responsabilidade dos Entes da Federação e Financiamento do SUS".

---

[1] <http://www.stf.jus.br/portal/jurisprudencia/pesquisarJurisprudencia.asp>. Ao referenciar decisões ao longo das notas de rodapé optou-se, de regra, por incluir os seus respectivos *links*, todavia em pesquisas anteriores percebeu-se que, após certo tempo, os *links* para as decisões do STF passaram a abrir outros julgados. Aponta-se também que, com o passar do tempo, os *links* tendem a não mais funcionar devido às mudanças de endereço eletrônico. Levando em conta esses aspectos, além dos *links*, forneceram-se as referências de identificação das decisões da forma mais completa possível. Essas observações se estendem às decisões relativas aos demais tribunais.

[2] <http://www.stj.jus.br/SCON/>

[3] <http://www.trf4.jus.br/trf4/jurisjud/pesquisa.php>

[4] <http://www1.tjrs.jus.br/busca/?tb=juris>

[5] <http://www.stf.jus.br/portal/constituicao/sumariobd.asp>

[6] Nos seguintes sítios na internet: página Inicial<http://siops.datasus.gov.br/>. SIOPS – Acompanhamento da EC 29<http://siops.datasus.gov.br/ec29.php?escacmp=3>.

Essa investigação está contextualizada dentro do NEADF/ GEDF,[7] juntamente com o seu Observatório do Direito à Saúde, e articulada com outras pesquisas realizadas. Em um primeiro momento, há a pesquisa contemplada por edital do Observatório da Justiça Brasileira (OJB) e financiada pela Secretaria de Reforma do Judiciário, a qual resultou na publicação intitulada "Democracia – Separação de Poderes – Eficácia e Efetividade do Direito à Saúde no Judiciário Brasileiro – Observatório do Direito à Saúde". E há também projeto em parceria com a *Global Health Research, Right To Health Litigation,* Coordenada pelo Professor Doutor João Biehl, do *Department of Anthropology* da *Woodrow Wilson School of Public and International Affairs,* associada à *Princeton University,* contando com o apoio financeiro (parcial) e institucional da *Ford Foundation* e da *Princeton Health Grand Challenges Initiative.* A pesquisa diz respeito a projeto envolvendo um observatório das decisões em matéria de direitos socioambientais, na sua primeira etapa focada na saúde, coordenado pelo Professor Doutor Ingo Wolfgang Sarlet na Pontifícia Universidade Católica do Rio Grande do Sul (PUCRS).

Em ambas as pesquisas, o discente participou do contexto geral de investigações, mas também com item próprio de trabalho, sendo que na segunda atuou na condição de bolsista. Na primeira, auxiliou no tópico da jurisprudência sobre responsabilidade solidária, articulada no contexto específico daquela investigação, a separação dos poderes; na segunda, ampliou o âmbito da contribuição abarcando já elementos empíricos e orçamentários necessários para a análise da jurisprudência já coletada e contexto geral do estudo. A presente pesquisa sai desse cenário como uma continuidade e como um aprofundamento da investigação. O tema agora é redimensionado para a questão da cooperação na federação.

Para fins de publicação, é necessário fazer uma observação quanto ao aspecto da atualização do trabalho. Tendo em vista que a presente pesquisa reúne uma quantidade significativa de variados elementos (decisões judiciais, leis, dados orçamentários, pesquisas "empíricas", construção e leitura de uma base de dados própria, literatura específica), há a grande dificuldade de realizar em curto tempo a atualização paralela de todos os elementos considerando o intervalo entre a apresentação e a publicação, incluindo seus trâmites. Leva-se em conta, inclusive, que tal procedimento não seria

---

[7] Núcleo de Estudos Avançados em Direitos Fundamentais, do Programa de Pós-Graduação em Direito, Mestrado e Doutorado da PUCRS, e GEDF – Grupo de Estudos e Pesquisa de Direitos Fundamentais ambos Coordenados pelo Prof. Dr. Ingo Wolfgang Sarlet, sendo o GEDF coliderado pelo Prof. Dr. Carlos Alberto Molinaro.

apropriado porque poderia implicar uma releitura global da pesquisa, alterando os seus resultados. Isso poderia ser feito futuramente com o objetivo de constatar mudanças e descobrir novos elementos. Por esse motivo foi realizada somente uma última atualização quanto às decisões do STF em setembro de 2013, mais informações quanto aos períodos abrangidos e datas dos acessos podem ser encontrados nas partes específicas e ao longo do trabalho.

2. Federalismo cooperativo e descentralização

O olhar sobre o contexto federativo brasileiro, como forma que é, passa necessariamente pela apreciação dos objetivos postos na Constituição da República Federativa do Brasil de 1988. Nesse sentido, pode-se dizer inicialmente que "a República Federativa do Brasil, formada pela união indissolúvel dos Estados e Municípios e do Distrito Federal" (artigo 1º da Constituição Federal, CF) busca (artigo 3º) "construir uma sociedade livre, justa e solidária" (I); "garantir o desenvolvimento nacional" (II); "erradicar a pobreza e a marginalização e reduzir as desigualdades sociais e regionais" (III); "promover o bem de todos, sem preconceitos de origem, raça, sexo, cor, idade e quaisquer outras formas de discriminação" (IV). Os olhos devem estar postos na Constituição para buscar a medida dessa federação que nos levará à meta e para melhor avaliar os efeitos positivos e negativos, dificuldades e facilidades das escolhas e tendências em curso.

A principal caracterização da forma federada de estado é a existência de diversos entes políticos, diversos centros de poder que convivem e que atuam de forma autônoma e independente dentro da circunscrição territorial e normativa delimitadas pela Constituição.[8] De outro lado, aponta-se que desde a originária federação norte-americana, a repartição de competências é o delimitador de atuação dos entes federados, o ponto central do federalismo e o "pressuposto da autonomia dos entes".[9] Também é possível ver a

---

[8] Cf. WEICHERT; M. *Saúde e Federação na Constituição Brasileira*. Rio de Janeiro: Lumen Juris, 2004. p. 12 e ss.

[9] BERCOVICI, Gilberto; SIQUEIRA NETO, José Francisco. O debate sobre a repartição de competências Federativas no Brasil. In: BERCOVICI, Gilberto. *Federalismo no Brasil:* Limites da Competência Legislativa e Admnistrativa. Distrito Federal: Secretaria de Assuntos Legislativos do Ministério da Justiça (SAL), 2009. Relatório. (Série Pensando o Direito: Federalismo. n.13), p. 28.

federação "como divisão vertical do poder estatal, que dá lugar à existência de uma pluralidade de centros de governo, de instâncias territoriais cujo poder ostenta propriamente uma natureza estatal".[10] E essa separação vertical de poderes convive com a separação horizontal que se dá nas funções executiva, legislativa e judiciária.[11] Cada ente federado terá as distintas funções estatais antes referidas, mas poderão ocorrer casos como o do município no Brasil que possui apenas parte dessas funções (executiva e legislativa).[12] A leitura da pesquisa realizada pelo Observatório do Direito à Saúde[13] faz meditar que o tema da separação dos poderes vai além daquilo que normalmente dizemos expressamente, além de incluir e envolver a federação como já demonstrado anteriormente, também abarca a sociedade e os particulares em geral.

O federalismo também traz em si "a ideia de descentralização e limitação do poder",[14] com isso é possível refletir sobre a conexão e articulação com a clássica tripartição dos poderes. E essa tripartição consiste em que os Poderes Legislativo, Executivo e Judiciário não estejam na mesma mão, evitando-se dessa forma a tirania,[15] ou, dito de outra forma, o exercício arbitrário do poder. "A descentralização é [...] uma fórmula de limitação do poder. É geradora de um sistema de freios e contrapesos propício à liberdade. Com efeito, diminui a probabilidade de opressão, dividindo o exercício do poder por muitos e diferentes órgãos".[16]

Na forma federada, "as unidades [...] recebem diretamente da Constituição Federal as suas competências, isto é, o reconhecimento

---

[10] ROVIRA, Enoch Alberti. *Federalismo y cooperacion en La Republica Federal Alemana*. Madrid: Centro de Estudios Constitucionales, 1986. p. 358. Tradução nossa.

[11] WEICHERT; Marlon, Alberto. *Saúde e Federação na Constituição Brasileira*. p. 12.

[12] GARCIA, Emerson. Princípio da Separação dos Poderes: os órgãos jurisdicionais e a concreção dos direitos sociais. *De Jure – Revista Jurídica do Ministério Público do Estado de Minas Gerais*, Belo Horizonte, n. 10, p. 50- 88, jan./jun. 2008. p.54. Cf. também p. 52-54.

[13] SARLET, Ingo Wolfgang; MOLINARO, Carlos Alberto. *Democracia – Separação de Poderes – Eficácia e Efetividade do Direito à Saúde no Judiciário brasileiro – Observatório do Direito à Saúde*. Belo Horizonte: Faculdade de Filosofia e Ciências Humanas, 2010/2011.

[14] SOUZA, Adalberto Pimentel Diniz de. A mecânica do federalismo. *Revista de informação legislativa*, v. 42, n. 165, p. 169-176, jan./mar. de 2005. Disponível em <http://www2.senado.gov.br/bdsf/bitstream/id/317/4/R165-15.pdf>. Acesso em 18 out. 2011. p. 170.

[15] Cf. MADSON, James. The Particular Structure of the New Government and the Distribuition of Power Among Its Different Parts. *The Federalist n. 47*. New York Packet. Wednesday, January 30, 1788. Disponível em <http://www.constitution.org/fed/federa47.htm>. Acesso em 18 out. 2011.

[16] FERREIRA FILHO, Manoel Gonçalves. *Curso de Direito Constitucional*. 34ª ed. São Paulo: Saraiva, 2008. p. 53.

de seus poderes conjugado com a atribuição de encargos",[17] "há uma sobreposição de governos, que irradiam seu poder sobre territórios e populações comuns ",[18] ao contrário da forma unitária de estado, onde há um único centro de poder que exerce a autonomia política para a tomada das decisões essenciais à comunidade. No estado unitário "o poder encontra-se enraizado em um único ente intra-estatal".[19] Nessa forma, poderá haver uma descentralização administrativa e até o exercício de competências legislativas pelas descentralizações regionais e locais, mas isso apenas como concessão do poder central, podendo ser removidas sem maiores dificuldades.[20]

Todavia, poderá haver casos de estados unitários nos quais a descentralização está inscrita na Constituição, são também chamados de estados *regionais*. As regiões podem ser suprimidas por reforma constitucional, mas elas não estão à mercê do *poder constituído central*. A Itália e a Espanha são exemplos.[21] Essa característica acaba por dificultar a diferenciação entre estado unitário descentralizado frente aos estados federados, tendo em vista que o aspecto distintivo que se utilizava na doutrina era o da previsão na Constituição. Mas vale lembrar que os estados federais mantêm essa forma de estado intocável, vide a cláusula pétrea do artigo 60, § 4º, I, da Constituição brasileira e também o fato de os estados-membros possuírem um poder constituinte próprio.[22] A expressão *descentralização política* é o que melhor caracteriza essa diferenciação, embora talvez o faça de forma imperfeita. Nela há titularidade própria da autonomia política, poder de decisão independente por parte de órgãos incumbidos da tomada de decisões essenciais para a condução da comunidade, cuja origem e limites estão postos na Constituição.[23] Tendo em vista que o próprio Estado Federal é uma forma de estado "em que se divisa uma organização descentralizada, tanto administrativa quanto

---

[17] BERCOVICI, Gilberto; SIQUEIRA NETO, José Francisco. *O debate sobre a repartição de competências Federativas no Brasil*. p. 28.

[18] WEICHERT; M. *Saúde e Federação na Constituição Brasileira*. p. 12.

[19] TAVARES, André Ramos. *Curso de Direito Constitucional*. 2ª ed. São Paulo: Saraiva, 2003. p. 780.

[20] WEICHERT; M. *Saúde e Federação na Constituição Brasileira*. p. 12, 16, 17,20.

[21] FERREIRA FILHO, Manoel Gonçalves. *Curso de Direito Constitucional*. 34ª ed. p. 53-54.

[22] Idem. p. 54.

[23] Cf. WEICHERT; M. *Saúde e Federação na Constituição Brasileira*. p. 13 e ss. Realizou-se uma síntese reflexiva e livre de ideias percebidas no livro, por isso remete-se ao original.

politicamente"[24] é possível ver uma tendência de a descentralização se confundir com a própria estrutura federada. Todavia, cabe assinalar que mesmo em uma forma federada é plausível, pelo menos na prática, haver o embate entre a tendência de centralização e descentralização, sendo importante assinalar que é "possível verificar a existência de Estados unitários que, mesmo sem a independência política de suas subdivisões, consagram uma prática de autonomia superior a de outros Estados rotulados de federativos".[25]

Além disso, deve-se considerar que, embora o sentido básico do termo *descentralizar* seja "passar do centro para a periferia",[26] existe um uso diferenciado do termo, a existência de sentidos diferentes conforme a vertente de pensamento jurídico a considerar. Por exemplo, o termo *descentralização* pode ser utilizado para designar simplesmente o fenômeno da "concessão de poderes ou funções públicas a entidades *infraestatais*".[27] Dentro dessa conceituação haverá uma descentralização administrativa e uma descentralização política. A descentralização administrativa poderá ser realizada para pessoas coletivas de direito público ou para pessoas coletivas de direito privado e regime administrativo. Já a expressão *descentralização política* pode ser utilizada para designar os poderes legislativos e governativos dados às províncias e regiões, os quais, por maior que sejam, não poderão assumir o caráter originário de Estado.[28] Também faz-se necessário considerar a convivência com conceitos próximos. Um exemplo é dado pela diferença entre *descentralização* e *desconcentração*, o primeiro diz respeito à distribuição de funções entre distintos aparelhos governamentais, o segundo, à distribuição de funções entre órgãos componentes de um mesmo aparelho governamental.[29]

---

[24] MENDES, Gilmar Ferreira; COELHO, Inocêncio Mártires; BRANCO, Paulo Gustavo Gonet. *Curso de Direito Constitucional*. 4ª ed. São Paulo: Saraiva, 2009. p. 851.

[25] WEICHERT; M. *Saúde e Federação na Constituição Brasileira*. p. 20.

[26] DESCENTRALIZAÇÃO. In: CUNHA, Sérgio Sérvulo da. *Dicionário Compacto do Direito*. 4ª ed. São Paulo: Saraiva, 2005. p. 91.

[27] MIRANDA, Jorge. *Teoria do Estado e da Constituição*. 2ª ed. Rio de Janeiro: Forense, 2009. p. 125.

[28] Idem, p. 125-127. Na referida obra o autor também aborda o termo "desconcentração", utilizado para explicar a descentralização intra-estatal, com a existência ou não de hierarquia. Ao que parece essa terminologia diferenciada possui sua base no ramo do direito administrativo. Levando em conta a pertinência para o objeto da pesquisa, a delimitação temática e temporal para a conclusão do presente trabalho, optou-se por não aprofundar a investigação nesse campo e apenas assinalar de forma breve a diversidade no uso dos termos.

[29] LOPES, Clenir de Assis. A centralização no Estado Federal. *Revista da Faculdade de Direito da UFPR*, vol. 22, 1985. Disponível em <http://ojs.c3sl.ufpr.br/ojs2/index.php/direito/article/viewArticle/8891>. Acesso em 09 nov. 2011. p. 129.

Apesar da diferença terminológica, percebe-se aqui reforçado um elemento que diferencia os já citados estados regionais dos estados federais, tendo em vista que nos estados federais os entes exercem suas competências como integrantes do conceito de estado. É importante sublinhar aqui a acepção diversa que a expressão *descentralização política* pode assumir na literatura, ora assumindo a feição estatal ora não a assumindo.

Feitas essas considerações, agora é necessário considerar duas vertentes do federalismo. Em um primeiro momento, há o federalismo clássico, que se caracteriza pela separação entre as diversas instâncias de governo, havendo apenas uma relação de justaposição. Há a divisão do poder estatal nos níveis territoriais, geral e regional, e cada um o exerce com independência e plenitude, em princípio, sem interferência das demais. Nesse contexto, deve-se levar em conta que a divisão do poder, por meio do sistema de distribuição de competências, se deu no contexto político do estado liberal de direito.[30] Esses elementos marcam uma vertente do federalismo calcada na competição e autonomia dos estados (federalismo competitivo americano). A este se creditou certa vantagem na rápida implantação localizada da nova economia de mercado. Essa vertente se diferencia de outra calcada na cooperação e no princípio da subsidiariedade (federalismo cooperativo alemão)[31] cujo desenvolvimento será abordado abaixo.

No contexto onde surgiu o federalismo, era uma tarefa mais fácil delimitar claramente as esferas de competência de cada ente federado, tendo em vista o reduzido espectro de interferência estatal, circunscrita a atividades de polícia. Todavia, a partir da II Guerra Mundial, muda o comportamento do estado, introduz-se o princípio social, passa-se a desempenhar atividades de promoção e prestação. O próprio conteúdo do princípio da igualdade assume um novo sentido. Nasce a necessidade de padrões comuns no nível federal e a expectativa de tratamento substancialmente uniforme por parte do cidadão em todo o território. Há nisso uma tensão entre a necessidade de atuação integrada e unitária e a vontade de manter

---

[30] ROVIRA, Enoch Alberti. *Federalismo y cooperacion en La Republica Federal Alemana.* p. 354.

[31] CAMARGO, Aspásia. Federalismo cooperativo e o princípio da subsidiariedade: notas sobre a experiência do Brasil e da Alemanha. In: HOFMEISTER, Wilhelm; CARNEIRO, José Mário Brasiliense (Orgs.). *Federalismo na Alemanha e no Brasil.* São Paulo: Fundação Konrad Adenauer, 2001. (Série Debates. n. 22. vol. 1). p. 77 e 81.

a federação;[32] entre o princípio da solidariedade e a autonomia.[33] Tais comentários dizem respeito a alguns fatores que influenciaram a Alemanha e todas as sociedades desenvolvidas, e, em alguma medida, teve seu impacto também em outras federações, sobretudo a brasileira, conforme é possível constatar a seguir.

No Brasil

Os objetivos constitucionais [...] são a promoção do desenvolvimento, a redução das desigualdades e o fortalecimento da democracia. Essas três prioridades [...] exigem forte grau de cooperação federativa, com o objetivo final de garantir à população qualidade de vida e adequada prestação de serviços públicos. [Essa ideia é] semelhante à que prevalece no federalismo alemão, cujo objetivo declarado é garantir, em território alemão, a mesma qualidade de vida para todos os cidadãos. [...] Esse pacto implica a aceitação do teorema central do federalismo que [...] promove a descentralização com centralidade e que, historicamente, ora pende mais para a descentralização, ora para a centralidade. A relevância estratégica dessa tensão permanente é que ela evita tanto a centralização excessiva quanto as pressões ultrafragmentadoras de um federalismo anárquico.[34]

O federalismo cooperativo poderia ajudar o Brasil a resolver questões como a distribuição de renda, já o competitivo incentivaria que os entes federados fossem "mais inovadores na implantação de políticas públicas e mais ousados na obtenção de corretivos e resultados",[35] todavia é importante considerar que a competitividade deve ter por base uma igualdade de condições e de possibilidades. Levantamento do IBGE, apesar dos avanços que registra, aponta que em 2009 apenas oito estados representavam 78,1% do PIB do Brasil.[36] E justamente o "federalismo cooperativo [estaria] fortemente impregnado pelo compromisso com a equalização, isto é, a redução das diferenças espaciais e sociais".[37] Por isso pode-se dizer

---

[32] ROVIRA, Enoch Alberti. *Federalismo y cooperacion en La Republica Federal Alemana*. p. 354-358.

[33] Cf. BERCOVICI, Gilberto. *Desigualdades Regionais, Estado e Constituição*. São Paulo: Max Limonad, 2003. p. 242. Cf. igualmente p. 239-244 que trata do princípio da solidariedade e da igualação das condições sociais de vida.

[34] CAMARGO, Aspásia. *Federalismo cooperativo e o princípio da subsidiariedade*: notas sobre a experiência do Brasil e da Alemanha. p. 75.

[35] Idem, p. 88, p. 77 e 81.

[36] IBGE. Instituto Brasileiro de Geografia Estatística. *Centro-Oeste e Nordeste ganham participação no PIB nacional em 2009*. Comunicação Social. 23 de novembro de 2011. Disponível em <http://www.ibge.gov.br/home/presidencia/noticias/noticia_visualizaphp?id_noticia=2025&id_pagina=1&titulo=Centro-Oeste-e-Nordeste-ganham-participacao-no-PIB-nacional-em-2009>. Acesso em 25 nov. 2011.

[37] CAMARGO, Aspásia. *Federalismo cooperativo e o princípio da subsidiariedade*: notas sobre a experiência do Brasil e da Alemanha. p. 87.

que seria "um instrumento poderoso de neutralização das distorções do federalismo assimétrico brasileiro".[38]

O nosso país é marcado por profundas desigualdades regionais e por alternâncias de períodos com maior tendência à centralização ou à descentralização. Mas é importante notar que o que de fato ocorre é uma redefinição da relação entre as esferas, podendo permanecer estruturas da tendência anterior. Com essa cautela, deve-se ter momentos como o regime militar de 1964, a transição democrática, e o período inaugurado pela Constituição de 1988.[39]

De um lado "a análise à luz da Constituição de 1988 [...] revela que o grande objetivo do Federalismo é a busca da cooperação entre a União e entes federados, equilibrando a descentralização federal com os imperativos da integração econômica nacional"[40] e que "as tensões do Federalismo contemporâneo, situadas basicamente entre a exigência da atuação uniformizada e harmônica de todos os entes federados e o pluralismo federal [seriam] resolvidas, em boa parte, por meio da colaboração e atuação conjunta".[41] Por outro, percebe-se a grande dificuldade existente tendo em vista a situação reinante e real que é caracterizada por *federalismo predatório* e que se configura no "perpétuo conflito em torno dos recursos a serem atribuídos a cada esfera e também pela guerra fiscal entre os estados, ansiosos por atrair novos investimentos através de mecanismos de renúncia tributária".[42] Essa situação também se configura pela busca do isolamento com objetivo de maximizar os próprios resultados, atitude injustificada e isso sem considerar a "debilidade crônica da maioria dos municípios e da metade dos estados brasileiros".[43]

Todavia, o próprio conceito de federalismo reclama um mínimo de colaboração, a qual em maior ou menor intensidade sem-

---

[38] CAMARGO, Aspásia. *Federalismo cooperativo e o princípio da subsidiariedade*: notas sobre a experiência do Brasil e da Alemanha. p. 88-89.

[39] KUGELMAS, Eduardo. A evolução recente do regime federativo no Brasil. In: HOFMEISTER, Wilhelm; CARNEIRO, José Mário Brasiliense (Orgs.). *Federalismo na Alemanha e no Brasil*. São Paulo: Fundação Konrad Adenauer, 2001. (Série Debates n.22. vol. I). p.33 e ss. Consultar obra para mais detalhes.

[40] BERCOVICI, Gilberto; SIQUEIRA NETO, José Francisco. *O debate sobre a repartição de competências Federativas no Brasil*. p. 29.

[41] Idem, p. 29.

[42] KUGELMAS, Eduardo. *A evolução recente do regime federativo no Brasil*. p. 41.

[43] CAMARGO, Aspásia. *Federalismo cooperativo e o princípio da subsidiariedade*: notas sobre a experiência do Brasil e da Alemanha. p. 84. Passaram mais de dez anos desde que feita essa constatação o que faz com que seja tomada aqui com sentido meramente ilustrativo, mas no tema da saúde, ao menos, o que se vê é uma precária situação: vide auditorias, pesquisas e dados sobre o cumprimento da EC 29 contemplados pela presente pesquisa.

pre se há produzido entre as instâncias do poder estatal. Mas essa característica se tem potencializado, de modo que a cooperação é termo chave do federalismo dos dias atuais.[44] A necessidade de cooperação é elemento chave a ser observado sob pena de, na prática, não se alcançar os objetivos da federação.

No que se refere à questão dos repasses de valores a estados e municípios há também abordagem no sentido de que o federalismo cooperativo deveria ser restringido até o ponto em que se pudesse aumentar a autonomia e com isso a administração de gastos com recursos próprios. Argumenta-se que com isso seria possível diminuir problemas como a corrupção e as reclamações sobre desigualdades na distribuição de recursos.[45]

Outro elemento a considerar é que o texto constitucional não define de forma clara as atribuições e encargos dos entes federados. Isso gera diferentes efeitos positivos e negativos. Por um lado, há o problema das superposições e, por outro, não há um engessamento excessivo. De um lado, amplia-se o espaço de decisão local e restringe-se a ingerência estadual. De outro, ficam frouxas as atribuições e o poder de iniciativa dos entes.[46]

Um estudo sobre as políticas de descentralização na América Latina pode conter uma pista para a origem dessa característica ao apontar o contexto da transição do regime militar para a democracia no Brasil. Esse estudo aponta as eleições para governador de 1982 e a abertura eleitoral controlada, a busca de base de apoio por parte dos militares por meio da transferência de recursos às municipalidades e o sucesso da oposição (MDB) nas eleições para governadores, fortalecendo essa esfera de interesses, como fator que favoreceu a obtenção de receitas pelas esferas subnacionais. Uma tendência que teve seus desdobramentos no período da transição democrática e da Constituição federal de 1988. Essa característica pode ser o marcador do descompasse entre uma forte descentralização de receitas e do poder de tributação com uma fraca demarcação de responsabilidades.[47] Todavia, estudo sobre desigualdades regionais aponta essa última constatação como um lugar comum porque o "grande problema da repartição de rendas realizada pela

---

[44] ROVIRA, Enoch Alberti. *Federalismo y cooperacion en La Republica Federal Alemana*. p. 345.

[45] SOUZA, Adalberto Pimentel Diniz de. *A mecânica do federalismo*. p. 173.

[46] CAMARGO, Aspásia. *Federalismo cooperativo e o princípio da subsidiariedade*: notas sobre a experiência do Brasil e da Alemanha. p. 77.

[47] WILLIS, Eliza; GARMAN, Christopher da C. B.; HAGGARD, Stephan. The Politics of Decentralization in Latin America. *Latin American Research Review*, vol. 34, n. 1, 1999, p. 7-56.

Constituição de 1988 foi ter sido realizada a descentralização de receitas e competências sem nenhum plano ou programa de atuação definido entre União e entes federados".[48] Aponta que Estados e municípios assumiram alguns programas sociais como saúde, educação, habitação e saneamento, enquanto outros ficaram sem atuação governamental devido ao abandono do Governo Federal.[49]

A aproximação com o princípio da subsidiariedade, o qual determina uma busca pela priorização das esferas mais próximas dos cidadãos, e consequentemente com a descentralização, traz, igualmente, desafios. O primeiro deles é o de que a descentralização implica abdicação e perda de poder por parte do ente que está mais afastado do cidadão, portanto, mais ao centro. O segundo é o de que implica custos para a criação de estruturas, o que muitas vezes não é levado a sério. O terceiro o de que o Brasil criou mais um ente federado, o município, e isso foi positivo para a descentralização, todavia, interesses políticos menores podem refletir em um autonomismo que dificulta uma necessária integração regional.[50] O quarto desafio é o de que a descentralização pode refletir uma busca pragmática do governo federal no sentido de reduzir seus encargos.[51] Nesse ponto, pode estar radicada uma visão pouco positiva acerca da atuação subsidiária da União porque o papel dessa instância seria fundamental na questão das disparidades regionais: devido à capacidade de visão e planejamento suprarregional e de obter grandes recursos. Também devido à constatação de *deficit* na Coordenação e Cooperação entre União e entes federados e ao fato de que a descentralização de políticas públicas deveria estar apoiada em programas de assistência técnica e financeira.[52] Portanto, a União teria uma atuação muito mais ativa e contínua.

Outro fator é que, muitas vezes, não se leva em conta um aspecto nuclear no cotidiano federativo; a contraposição de interesses e conveniências dos partidos políticos e de seus membros, podendo ser elemento decisivo para o sucesso ou fracasso de qualquer plano de integração intergovernamental. Um exemplo de aproximação com esse contexto pode ser extraído do estudo de Werneck Vianna, Burgos e Sales, que constata tendência de aumento do uso de

---

[48] BERCOVICI, Gilberto. *Desigualdades Regionais, Estado e Constituição*. p. 179.

[49] Idem. p. 180.

[50] CAMARGO, Aspásia. *Federalismo cooperativo e o princípio da subsidiariedade*: notas sobre a experiência do Brasil e da Alemanha. p. 85-86, 90, 92-93.

[51] KUGELMAS, Eduardo. A evolução recente do regime federativo no Brasil. p. 44.

[52] BERCOVICI, Gilberto. *Desigualdades Regionais, Estado e Constituição*. p. 181, 183.

Adins (ações diretas de inconstitucionalidade) pelos governadores quando o Executivo estadual não detém maioria nas assembleias legislativas.[53]

Nesse sentido, vale citar que:

O puro e simples assistencialismo em função de alianças políticas, ou as transferências de verbas automáticas, pela via constitucional, não resolvem o problema que exige um pacto institucional de caráter intergovernamental. Esse pacto, que poderia fortalecer o princípio da subsidiariedade, passa necessariamente pela regulamentação do artigo 23 da Constituição federal. Planejamento regional, investimentos de infra-estrutura e acompanhamento seriam instrumentos necessários para dar consistência às políticas públicas de correção dos desequilíbrios regionais e de combate à pobreza.[54]

Portanto, mesmo que os interesses políticos convirjam em determinada situação, isso não garante resultados positivos.

O estudo de Werneck Vianna, Burgos e Sales, anteriormente citado, constata que 60% das Adins estudadas tratavam de administração pública e que 40% das Adins foram contra normas dos legislativos estaduais na área de administração pública. Nesse sentido, aponta que "as decisões do STF [Supremo Tribunal Federal] operam no sentido de garantir a homogeneidade na produção normativa estadual"; aponta também tendência "no sentido de 'corrigir'" as relações entre a federação e a União em favor desta última".[55] Para a investigação a que aqui se propõe é importante mencionar que o Supremo Tribunal Federal influencia em alguma medida, mesmo que pequena, na tendência centralizadora ou descentralizadora da nossa federação. A partir dessa constatação também é possível pensar no papel dos demais tribunais quando enfrentam temas que afetam a federação brasileira. Avaliar o mérito das leituras feitas pelo STF, avaliar, por exemplo, se a tendência de favorecer a União decorreria da necessidade de fazer frente a um federalismo predatório ou ao risco de desagregação criado pelas iniciativas dos entes federados ou se, ao contrário, seria um impeditivo para a adaptação e para o atendimento das necessidades e peculiaridades regionais e locais, é um tema que demanda um estudo específico.

---

[53] VIANNA, Luiz Werneck; BURGOS, Marcelo Baumann; SALLES, Paula Martins. Dezessete anos de judicialização da política. Tempo Social. *Revista de Sociologia da USP*, v. 19, n. 2. p. 39-85, nov. 2007.

[54] CAMARGO, Aspásia. *Federalismo cooperativo e o princípio da subsidiariedade*: notas sobre a experiência do Brasil e da Alemanha. p. 89.

[55] VIANNA, Luiz Werneck; BURGOS, Marcelo Baumann; SALLES, Paula Martins. *Dezessete anos de judicialização da política*. p. 44.

Também a globalização deve ser considerada "uma vez que a economia global uniformiza regras, rompendo tanto com a autonomia dos entes federados quanto com o princípio da subsidiariedade, [o qual é] básico para o federalismo alemão e brasileiro".[56]

Dentro do tema da tendência de centralização convém mencionar o pouco prestígio que possuem as constituições estaduais na federação brasileira e também a ideia, na prática, de que o poder federal teria mais importância que o estadual ou municipal.[57] Em períodos como o da ditadura militar houve uma centralização intencional do poder político, mas agora há uma nova tendência centralizadora, entretanto, não teria origem em um plano intencional, mas derivaria das próprias demandas dos movimentos sociais e da sociedade civil. São citados como exemplos dessa tendência a criação do Sistema Único de Saúde (SUS), do Conselho Nacional de Justiça (CNJ), a formação de escolas nacionais de magistratura, entre outros.[58] Portanto, é marcante a existência de traços de centralização na nossa federação.

A análise das vantagens e desvantagens de assumir uma tendência centralizadora ou descentralizadora, unitária ou fragmentária, dá origem a paradoxos porque seria possível questionar se a centralização seria condição necessária para a democratização social e se a federação seria propícia para exercício arbitrário de poder pelas oligarquias.

> Na experiência institucional brasileira, o primado da União sobre a federação tem resultado de motivações modernizantes associadas a momentos de autoritarismo político, como nos anos de 1930 e, mais tarde, sob o regime militar no período 1964-1985. Nessas oportunidades, tanto a centralização política como a administrativa foram vistas como um imperativo à realização de reformas, removendo-se obstáculos à expansão da economia e mesmo à democratização social. O diagnóstico, sempre reiterado nesses casos, era o de que a fragmentação da vontade política resultante da própria arquitetura da federação – inclusive na medida em que favorecia, em cada estado, especialmente nos menos desenvolvidos, a ação de oligarquias comprometidas com o atraso e o sistema de mando tradicional – constituir-se-ia em entrave à mudança.[59]

A respeito das razões que levam à adoção da forma federal é possível cogitar existir uma tendência de permitir a convivência

---

[56] CAMARGO, Aspásia. *Federalismo cooperativo e o princípio da subsidiariedade*: notas sobre a experiência do Brasil e da Alemanha. p. 87.

[57] SOUZA, Adalberto Pimentel Diniz de. *A mecânica do federalismo*. p. 172-173.

[58] VIANNA, Luiz Werneck; BURGOS, Marcelo Baumann; SALLES, Paula Martins. *Dezessete anos de judicialização da política*. p. 45.

[59] Idem, p. 44-45.

de diversos grupos étnicos e também de atender a necessidade de ouvir "as bases de um território diferenciado quando da tomada de decisões que afetam o país como um todo".[60] Evitando, dessa forma tanto a centralização como a desagregação excessivas. Territórios amplos recomendam que exista, ao lado de um governo que busca objetivos nacionais, um local que esteja atento às peculiaridades.[61]

Embora a forma federada de estado, em si, implique a descentralização do poder estatal, nota-se que, na prática, a balança do equilíbrio dos poderes pode, ora pender mais para o centro, ora mais para a periferia, sem que isso necessariamente implique uma contradição intolerável a essa forma de estado. Existem muitos fatores a considerar, e o que a pesquisa mostra é que a centralização ou a descentralização também pode se apresentar como um dilema que possui paralelo como aquele que se apresenta entre a unidade do poder estatal e a fragmentação (ou divisão) do seu exercício. Na verdade, guardadas as devidas proporções, o que se faz é transitar entre dois extremos, e a medida ideal há que levar em conta os desafios e necessidades da época.

Fatores externos ou inesperados podem afetar o equilíbrio dos poderes na federação. Levando em conta o que é trabalhado ao longo do texto, pode-se citar como exemplo a economia globalizada; as pressões dos tratados e da política internacional; as demandas da própria sociedade civil que podem exigir tanto políticas locais para que estejam ao seu alcance, quanto a centralização de políticas para buscar maior garantia e estabilidade. Fatores como esse, de regra, apontarão para atitudes que não configurarão, ao menos na sua acepção mais ampla possível, o que normalmente seria classificado como uma livre opção do poder público.

Colhendo os elementos apontados ao longo do trabalho, é possível ver que tanto a tendência centralizadora quanto descentralizadora carregará consigo vantagens e desvantagens que precisam ser consideradas e enfrentadas. Assim, por exemplo, no federalismo cooperativo haverá uma tendência maior a sobreposições, no competitivo não porque haverá uma divisão mais estanque das tarefas; o federalismo cooperativo facilitará a atuação uniforme e integrada,[62] todavia o competitivo facilitará a rápida implantação local de

---

[60] MENDES, Gilmar Ferreira; COELHO, Inocêncio Mártires; BRANCO, Paulo Gustavo Gonet. *Curso de Direito Constitucional.* 4ª ed. p. 852.

[61] Idem, p. 852.

[62] O Federalismo cooperativo assinala para a necessidade de unidade da atuação do estado e essa unidade traz consigo, uma aproximação ou um grau inevitável de centralização. Vale

políticas para fins de concorrência e inovação; no federalismo co-operativo poderá haver certa demora na concretização das políticas, no competitivo poderá ficar prejudicada a busca dos objetivos globais da nação. Optou-se por fazer esse exercício não exaustivo de pensar vantagens e desvantagens a partir desses tipos ideais de federalismo, todavia o alvo aqui seria contrapor a centralização e a descentralização, ao passo que o mesmo exercício poderia ser repetido usando o estado unitário frente ao federal.

A perspectiva aqui apresentada fica reforçada pela leitura de obra da área da administração que trata da centralização e da descentralização. Nesse sentido, a estrutura centralizada, por exemplo, poderá ter as seguintes vantagens: a decisão é tomada por alguém que tem visão global; melhor treinamento e preparo dentre aqueles que tomam decisões; "as decisões de cúpula são mais consistentes com os objetivos [...] globais"; elimina esforços duplicados; vantagens em funções como compras e tesouraria. Todavia, seguem as desvantagens: distanciamento dos fatos e das circunstâncias, "pouco contato com as pessoas e situações envolvidas"; maior demora e custos operacionais na comunicação pelo envolvimento de intermediários, havendo também a possibilidade de distorções e erros.[63]

Aqui é possível fazer uma correlação com abordagens da área jurídica. Por exemplo, Manoel Gonçalves Ferreira Filho aponta que a descentralização é instrumento de eficiência governamental e que, em geral, a centralização retarda as decisões, as quais sobrevêm atrasadas e, não raro, inadequadas. A centralização também tende a distanciar a vivência do problema da competência para decidi-lo.[64] Ao contrário do que ocorre na descentralização, que acaba por aproximar governantes e governados, facilitando "a influência destes no processo de tomada de decisões".[65]

E aqui, novamente, há a possibilidade de fazer um paralelo com a obra da área da administração anteriormente citada. Nesse sentido, a estrutura descentralizada possui, por exemplo, as seguin-

---

citar também que "essas duas características – centralização e cooperação –, aparentemente contraditórias, dão a tônica do modelo brasileiro e também no Sistema Único de Saúde se farão sentir". WEICHERT; Marlon, Alberto. *Saúde e Federação na Constituição Brasileira*. p. 102.

[63] CHIAVENATO, Idalberto. *Teoria Geral da Administração*. 6ª ed. Rio de Janeiro: Campus, 2001. vol.I. p.202-203. Cf. também CHIAVENATO, Idalberto. *Introdução à Teoria Geral da Administração*. 7ª ed. Rio de Janeiro: Elsevier, 2003. p. 161-162. Possui pequenas diferenças que não alteram significativamente o sentido do que é posto no livro anterior, nos pontos utilizados para ilustrar a presente abordagem.

[64] FERREIRA FILHO, Manoel Gonçalves. *Curso de Direito Constitucional*. 34ª ed. p. 52.

[65] Idem, p. 53.

tes vantagens: "as decisões são tomadas mais rapidamente pelos próprios executores da ação", os quais têm mais informações e contato com a situação, proporcionando economia de tempo e de dinheiro; "aumenta a eficiência e motivação, aproveitando melhor o tempo e aptidão dos funcionários, evitando que fujam à responsabilidade"; evita sobrecarga decisória, liberando os altos funcionários para concentrarem-se nas decisões mais importantes; diminui gastos de coordenação, mas "isso requer o estabelecimento de uma estrutura organizacional e políticas bem definidas".[66]

Todavia, as desvantagens, por exemplo, serão; a falta de uniformidade nas decisões, problema que poderia ser reduzido com reuniões de "coordenação"; insuficiente aproveitamento dos especialistas porque "geralmente, os maiores especialistas estão concentrados nos escritórios centrais [e] com a descentralização, a tendência é pensar que já não se necessita da assessoria da matriz"; "falta de equipe apropriada ou de funcionários no campo de atividades. A descentralização exige treinamento para a delegação paulatina de funções".[67]

Dentro dos diversos elementos trabalhados, um é importante destacar porque como que resume esta seção: a maior concentração do poder trará consigo a maior possibilidade de seu uso arbitrário; uma maior fragmentação no seu exercício trará uma maior dificuldade de um sentido de unidade, o qual é necessário, mesmo que minimamente, para que o exercício do poder estatal alcance seus objetivos. Manifestações como o *federalismo predatório* podem ser uma tendência natural da descentralização do poder, os entes subnacionais podem buscar objetivos que não se enquadram nos objetivos globais da nação. Tendências como essa devem ser consideradas e trabalhadas para que, tanto a federação quanto a descentralização, não percam o seu sentido no desenvolvimento real das relações entre as esferas.

---

[66] CHIAVENATO, Idalberto. *Teoria Geral da Administração*. 6ª ed. vol. I. p. 204-206. Cf. também CHIAVENATO, Idalberto. *Introdução à Teoria Geral da Administração*. 7ª ed. p. 162-164. Possui pequenas diferenças que não alteram significativamente o sentido do que é posto no livro anterior, nos pontos utilizados para ilustrar a presente abordagem.

[67] Idem, ibidem.

3. Competências concorrentes e normas da assistência à saúde

Quanto à forma de repartir competências,[68] dentro da federação, ela pode ser horizontal ou vertical. Diz-se que a repartição é horizontal quando uma matéria é atribuída ou a um ou a outro ente.[69] "Corresponde à técnica clássica, adotada nos Estados Unidos em 1787, com a divisão em compartimentos estanques das competências da União e dos Estados".[70] Porém, na repartição vertical, a mesma matéria é atribuída a mais de um ente.[71] Essa técnica "favorece a coordenação no tratamento de uma questão por parte de diversos entes federativos".[72] Pode ser vista como "uma forma de fortalecimento do federalismo, pois impõe uma cooperação entre os entes,

---

[68] O presente trabalho não pretende fazer um catálogo exaustivo de todas as formas que a doutrina utiliza para classificar a repartição de competências. Não se incluiu, por exemplo, a classificação em *competências remanescentes ou residuais, competências reservadas,* mas apenas às classificações que mais diretamente se relacionavam com o tema da realização do direito à saúde e com uma necessária exemplificação da dinâmica de integração e cooperação na federação. Para informações mais completas sobre as classificações, remete-se para as obras citadas ao longo desse capítulo.

[69] WEICHERT; Marlon, Alberto. *Saúde e Federação na Constituição Brasileira.* p.85.

[70] Idem, ibidem.

[71] Cf. MENDES, Gilmar Ferreira; COELHO, Inocêncio Mártires; BRANCO, Paulo Gustavo Gonet. *Curso de Direito Constitucional.* 4ª ed. p. 850. Cf. WEICHERT; Marlon, Alberto. *Saúde e Federação na Constituição Brasileira.* p.85. Em SOARES, Esther Bueno. União, Estados e Municípios. In: BASTOS, Celso (Coord.). *Por uma nova Federação.* São Paulo: Revista dos Tribunais, 1995. p.82. consta que "a competência concorrente entre a União, Estados e Distrito Federal está prevista no art. 24 da CF. *Trata-se de repartição horizontal, onde a mesma matéria é atribuída a mais de um ente político; ambos podem legislar supletivamente sobre matérias idênticas*". (grifamos) Na classificação anteriormente citada a nomenclatura dada para a situação descrita nesse trecho grifado seria *repartição vertical,* todavia parece que se trata de mero engano, pois na página 81 a autora refere que *"a repartição de competências, na Constituição brasileira é realizada horizontalmente, ao serem enumeradas expressamente as competências da União e Municípios,* e aos Estados as remanescentes, isto é, as competências que não tenham sido atribuídas expressa ou implicitamente à União e Municípios e as não vedadas pela Constituição". Adota, portanto, uma classificação de repartição horizontal que se enquadra naquele descrita em WEICHERT.

[72] FERREIRA FILHO, Manoel Gonçalves. *Curso de Direito Constitucional.* 34ª ed. p. 55.

ou, no mínimo, uma partição daquela parcela de poder pelos governos nacional e subnacionais".[73]

E essa divisão atinge tanto as competências legislativas, para legislar, quanto as competências materiais, de ordem administrativa.[74] Por exemplo, na repartição da competência legislativa, há a combinação do critério horizontal, que pode ser ilustrado com as *competências exclusivas,* com o critério vertical, que pode ser ilustrado com as *competências concorrentes.*[75] No primeiro caso, pode-se citar o rol de temas enumerados no artigo 22 da CF e aos quais cabe à União legislar. No caso das competências concorrentes para legislar, pode-se citar o rol de temas do artigo 24 da CF e em relação aos quais cabe a todos os entes federados legislar de forma concorrente. A seguir, o presente estudo seguirá com mais detalhes as *competências exclusivas* e as *competências concorrentes.* A abordagem será mais ampla, não ficará restrita necessariamente ao campo das competências para legislar.

Quanto às competências ditas *exclusivas,* é importante mencionar que é possível adotar uma terminologia cujo sentido básico engloba as competências chamadas de *privativas* porque ambos os termos exprimem a ideia de algo que é deferido a um titular com exclusão de outros.[76] Todavia, pode-se adotar uma distinção tendo em vista que a competência privativa é passível de delegação, a exclusiva não.[77] É importante destacar que, por vezes, a Constituição faz um uso indistinto dos termos. Por exemplo, no artigo 22, *caput* e parágrafo único, encontra-se a caracterização da *competência privativa,* tendo em vista a possibilidade da delegação da competência da União para legislar sobre os assuntos ali apontados. Já nos artigos 51 (competência privativa da Câmara dos Deputados) e 52 (competência privativa do Senado Federal) não há a possibilidade de delegação, portanto a ideia seria a da competência exclusiva.[78]

Duas observações adicionais seriam necessárias: uma delas é a de que mesmo nos casos do artigo 22 haveria matérias não suscetíveis de delegação por serem inerentes à União (exemplos: requisição

---

[73] WEICHERT; Marlon, Alberto. *Saúde e Federação na Constituição Brasileira.* p. 85.

[74] MENDES, Gilmar Ferreira; COELHO, Inocêncio Mártires; BRANCO, Paulo Gustavo Gonet. *Curso de Direito Constitucional.* 4ª ed. p. 868.

[75] Conforme assinala a exposição de FERREIRA FILHO, Manoel Gonçalves. *Curso de Direito Constitucional.* 34ª ed. p. 61-62.

[76] ALMEIDA, Fernanda Dias Menezes de. *Competências na Constituição de 1988.* São Paulo: Atlas, 1991. p. 86, igualmente pertinente toda a seção às páginas 85-87.

[77] TAVARES, André Ramos. *Curso de Direito Constitucional.* 2ª ed. p. 839.

[78] Cf. Idem, ibidem.

de civis e militares em caso de guerra, comércio exterior, nacionalidade), sendo necessário lembrar também que a regra é a indelegabilidade, podendo a constituição mitigá-la como o faz no artigo 22;[79] e nesse sentido a segunda observação surge da leitura do próprio dispositivo constitucional que expressa: "lei complementar poderá autorizar os Estados a legislar sobre *questões específicas* das matérias relacionadas neste artigo" (parágrafo único do artigo 22). A doutrina, conforme apontado, refere apenas que é caso em que é possível delegação, todavia, lê-se que os estados podem ser autorizados a legislar sobre questões específicas. A disposição constitucional dá a entender que o objeto e a margem da delegação serão bem restritos.

Na base da *competência concorrente* está o fato de que "relativamente a uma só matéria, concorre a competência de mais de um ente político".[80] Nessa classificação doutrinária se enquadrariam, portanto, tanto o rol de temas *de competência material comum* do artigo 23 da CF, quanto o rol de *competência legislativa concorrente* do artigo 24 da CF.

Nesse sentido, a Constituição Federal (CF) define que é "competência comum da União, dos Estados, do Distrito Federal e dos Municípios" (artigo 23, II) cuidar da saúde. Administrativamente, todos os entes do plano federativo possuem competência, mas o exercício dessa competência deve pautar-se pelo *princípio da predominância do interesse,* evitando embates desnecessários.[81] Segundo esse princípio, salvo hipóteses tradicionais de interesse local (exemplo: coleta de lixo), deve haver uma análise de cada caso para verificar qual interesse predomina: local, regional ou geral, para determinar se a competência é do município, do estado ou da União. A finalidade da norma constitucional é a cooperação produtiva entre as diversas esferas da federação.[82] São chamadas para uma ação conjunta e permanente e para a responsabilidade diante de obrigações que cabem a todos.[83]

---

[79] WEICHERT; Marlon, Alberto. *Saúde e Federação na Constituição Brasileira.* p. 90.

[80] ALMEIDA, Fernanda Dias Menezes de. *Competências na Constituição de 1988.* p. 139.

[81] MORAES, Alexandre de. Competências Administrativas e Legislativas para Vigilância Sanitária de Alimentos. *Revista da Procuradoria-Geral do Estado de São Paulo,* n. 53, jun. 2000. p. 233-247. Disponível em<http://www.pge.sp.gov.br/centrodeestudos/revistaspge/Revista%20PGE%2053.pdf#page=233>. Acesso em 05. fev. 2011. p. 240.

[82] BARROSO, Luís Roberto. Saneamento Básico: competências constitucionais da união, estados e municípios. *Revista Interesse Público.* Porto Alegre. n. 14. p. 28-47, abr./jun. 2002. p. 36.

[83] ALMEIDA, Fernanda Dias Menezes de. *Competências na Constituição de 1988.* p. 140.

Nesse caso não há critério prévio para separar os papeis e de superioridade hierárquica. A cooperação e o acordo mútuo são os elementos que possibilitam a solução de eventuais desacordos entre os entes da federação.[84] Entretanto,

> se o critério da colaboração não vingar, há de se cogitar do critério da preponderância de interesses [anteriormente citado]. Mesmo não havendo hierarquia entre os entes que compõe a Federação, pode-se falar em hierarquia de interesses, em que os mais amplos (da União) devem preferir aos mais restritos (dos Estados).[85]

A consequência prática será, portanto, o reconhecimento de uma hierarquia para contornar um problema concreto.

A repartição vertical da competência legislativa pode ser cumulativa ou não cumulativa (limitada). No primeiro modelo todos podem dispor integralmente sobre a matéria e em caso de concomitância haverá a prevalência de um dos entes conforme previsão constitucional, mas normalmente é a da União. No caso da distribuição não cumulativa não haverá prevalência porque fica reservada à união a edição de normas gerais e aos estados-membros a de normas complementares específicas.[86]

Nesse sentido, pode-se apontar a competência para legislar sobre a proteção e defesa da saúde que, no Brasil, é concorrente entre a União, os Estados e o Distrito Federal, mas a competência da União nesse âmbito está restrita ao estabelecimento de normas gerais. A competência da União não exclui a competência legislativa suplementar dos estados-membros e, se não houver norma geral, os estados-membros exercem competência legislativa plena. Entretanto, na superveniência da lei federal, a eficácia da lei estadual ficará suspensa naquilo em que lhe for contrária (§§ 1º, 2º, 3º e 4º do artigo 24 da CF).

Dentro da competência suplementar há dois âmbitos distintos, os quais doutrinariamente se designam respectivamente de *competência complementar* e de *competência supletiva*. No primeiro caso, a função do Estado-Membro ou do Distrito Federal será particularizar a norma geral da União às peculiaridades regionais; no segundo caso, temporariamente o ente federado adquire competência plena para estabelecer normas de caráter geral e específico.[87]

---

[84] WEICHERT; Marlon, Alberto. *Saúde e Federação na Constituição Brasileira*. p. 89-90.

[85] MENDES, Gilmar Ferreira; COELHO, Inocêncio Mártires; BRANCO, Paulo Gustavo Gonet. *Curso de Direito Constitucional*. 4ª ed. p. 870.

[86] WEICHERT; Marlon, Alberto. *Saúde e Federação na Constituição Brasileira*. p. 86.

[87] MORAES, Alexandre de. *Competências Administrativas e Legislativas para Vigilância Sanitária de Alimentos*. p. 242.

Aos municípios compete (art. 30 CF): "legislar sobre assuntos de interesse local" (I); "suplementar a legislação federal e a estadual no que couber" (II); "prestar, com cooperação técnica e financeira da União e do Estado, serviços de atendimento à saúde da população" (VII).

> Em relação à competência genérica em virtude da predominância do *interesse local* (CF, art. 30, I), apesar de difícil conceituação, *interesse local* refere-se àqueles interesses que disserem respeito mais diretamente às necessidades imediatas do município, mesmo que acabem gerando reflexos no interesse regional (Estados) ou geral (União) [...].[88]

Entretanto, "determinada atividade considerada hoje de interesse predominantemente local, com a passagem do tempo e a evolução dos fenômenos sociais, poderá perder tal natureza, passando para a esfera de predominância regional e até mesmo federal".[89] Sobretudo quanto a Estados e Municípios a repartição de competências cria uma margem de potenciais conflitos, e a responsabilidade de dirimi-los fica a cargo do intérprete.[90]

Conforme se pôde verificar, a distribuição de competências tem importância muito expressiva no estado federal, de tal forma que pode ser vista como elemento central, pressuposto da autonomia[91] e da parcela de poder atribuído a cada um dos entes.[92] Inclusive, dentro do próprio federalismo, é um elemento que auxilia a distinguir diferentes tendências e tradições e um exemplo pode ser dado a partir da consideração de que:

> O federalismo corporativo [ou em outra terminologia, competitivo], dual, caracteriza-se pela repartição horizontal e, no máximo, vertical cumulativa. Os entes trabalham isoladamente, conforme a formulação clássica dos norte-americanos. Ao contrário, o federalismo moderno, cooperativo, utiliza largamente a repartição vertical limitada de competências legislativas e a atribuição comum de competências materiais, de modo a compartilhar poderes e deveres.[93]

Com essa linha de raciocínio, o estudo pauta, agora, especificamente, nos marcos do sistema de saúde e pontua alguns programas e políticas de saúde específicas, buscando compreender a sistemáti-

---

[88] MORAES, Alexandre de. *Competências Administrativas e Legislativas para Vigilância Sanitária de Alimentos*. p. 243.

[89] BARROSO, L. R. *Saneamento Básico*: competências constitucionais da união, estados e municípios. p. 28-47. p.38.

[90] Cf. Idem. Cabe o comentário embora o artigo trate de tema conexo.

[91] BERCOVICI, Gilberto; SIQUEIRA NETO, José Francisco. *O debate sobre a repartição de competências Federativas no Brasil*. p. 28.

[92] WEICHERT; Marlon, Alberto. *Saúde e Federação na Constituição Brasileira*. p. 93-94.

[93] Idem. p. 93.

ca de repartição de competências, responsabilidades e de cooperação e integração entre os entes federados.

A Lei 8.080/90, seguindo diretriz do art. 198 da Constituição, estabelece como um dos princípios e diretrizes a descentralização político-administrativa, prevê também "ênfase na descentralização dos serviços para os municípios" e a "regionalização e hierarquização da rede de serviços de saúde".[94] A organização dos serviços públicos deve ocorrer de modo a evitar duplicidade de meios para fins idênticos. Entretanto, não são previstos somente elementos de distribuição de tarefas entre os entes da federação, mas também elementos de convergência. Nesse aspecto, destacam-se como princípio e diretriz os seguintes elementos: (a) a "integração em nível executivo das ações de saúde"; (b) a "conjugação dos recursos financeiros, tecnológicos, materiais e humanos da União, dos Estados, do Distrito Federal e dos Municípios na prestação de serviços de assistência à saúde da população"; (c) a "capacidade de resolução dos serviços em todos os níveis de assistência".

> Por meio da hierarquização, os serviços de saúde são organizados e distribuídos, partindo-se das ações de atenção básica, comuns a todos os Municípios, passando pela assistência de média e alta complexidade, já centralizadas em Municípios de maior porte, para alcançar então os serviços de grande especialização, disponíveis somente em alguns grandes centros do país. Também quanto a este aspecto, o SUS guarda sintonia com os princípios da subsidiariedade e da eficiência, visto que as ações e os serviços de saúde devem ser executados por quem possua as condições para efetivar mais e melhor o direito à saúde, o que, por sua vez, poderá eventualmente justificar o exercício direto de alguma competência por parte dos estados ou mesmo da União, diante de circunstâncias e condições específicas postas pela realidade.[95] [96]

---

[94] BRASIL. Lei 8.080, de 19 de setembro de 1990. Disponível em <http://www.planalto.gov.br/ccivil_03/Leis/L8080.htm>. Acesso em 21 Abr. 2010.

[95] A respeito do princípio da subsidiariedade em relação ao qual, no primeiro capítulo, apontou-se que implicava abdicação de poder dos entes mais centrais em relação aos entes descentralizados, pode-se agora ver o que talvez seja um ponto de inflexão que gera uma reconcentração de poder no ente central, sob o argumento da atuação subsidiária a permitir uma constante intervenção, sob o argumento da ineficácia da atuação do ente local ou regional.

[96] SARLET, Ingo Wofgang; FIGUEIREDO, Mariana Filchtiner. *Notas sobre o direito Fundamental à proteção e promoção da saúde na ordem jurídico-constitucional brasileira.* p. 16. Trabalhou-se com o original cedido pelo autor. No ponto citado há importante atualização em relação ao seguinte texto: SARLET, Ingo Wofgang; FIGUEIREDO, Mariana Filchtiner. Algumas considerações sobre o direito fundamental à proteção e promoção da saúde aos 20 anos da Constituição Federal de 1988. In: KEINERT, Tânia Margarete Mezzomo; PAULA, Silvia Helena Bastos de; BONFIM, José Ruben de Alcântara (Orgs.). *As Ações Judicias no SUS e a Promoção do Direito à Saúde.* São Paulo: Instituto de Saúde, 2009. p. 25-62.

Uma observação importante é a de que a hierarquização da rede de serviços não implica uma hierarquia entre União, Estados-membros e Distrito Federal e Municípios, os quais possuem autonomia no plano federativo. Por outro lado, o princípio da regionalização e hierarquização se articula com o da descentralização, o qual indica que a prestação de serviços se dê primordialmente pelos municípios. Todavia, essa descentralização deve ser responsável e com gradativa capacitação da esfera local[97]. "A atuação regionalizada permite a adaptação das ações e dos serviços de saúde ao perfil epidemiológico local".[98]

O Decreto 7.508, de 28 de junho de 2011, regulamenta a Lei 8.080 de 1990, nesse sentido dispõe sobre a organização do SUS (Sistema Único de Saúde), o planejamento da saúde, a assistência à saúde e a articulação interfederativa.[99] Serão pontuados alguns elementos para ilustrar tanto a exigência de integração e de cooperação dos entes federativos, quanto a previsão de responsabilidades e competências.

O primeiro aspecto a destacar é o dever de os entes federados realizarem *planejamento da saúde* (§ 1°, artigo 15) o qual deverá ser "ascendente e integrado, do nível local até o federal, ouvidos os respectivos Conselhos de Saúde" (artigo 15, *caput*). Nesse ponto também é importante destacar o papel a ser desempenhado pelo *mapa da saúde* a ser utilizado na identificação das necessidades de saúde e para orientar o planejamento integrado dos entes federativos (artigo 17). No nível estadual ele deve ser realizado de forma regionalizada (artigo 18).

Outro elemento importante a referir são as *Regiões de Saúde*, constituídas por agrupamentos de municípios limítrofes e criadas "com a finalidade de integrar a organização, o planejamento e a execução de ações e serviços de saúde" (artigo 2°, I).[100] Com relação

---

[97] WEICHERT, Marlon Alberto. *Saúde e Federação na Constituição Brasileira*. p. 166-167.

[98] SARLET, Ingo Wofgang; FIGUEIREDO, Mariana Filchtiner. Algumas considerações sobre o direito fundamental à proteção e promoção da saúde aos 20 anos da Constituição Federal de 1988. In: KEINERT, Tânia Margarete Mezzomo; PAULA, Silvia Helena Bastos de; BONFIM, José Ruben de Alcântara (Orgs.). *As Ações Judicias no SUS e a Promoção do Direito à Saúde*. São Paulo: Instituto de Saúde, 2009. p. 37.

[99] BRASIL. Presidência da República. Decreto 7.508, de 28 de junho de 2011. Publicação 29 jun. 2011. Disponível em<http://www.planalto.gov.br/ccivil_03/_Ato2011-2014/2011/Decreto/D7508.htm>. Acesso em 11 nov. 2011.

[100] Vide Igualmente Art. 4° "As Regiões de Saúde serão instituídas pelo Estado, em articulação com os Municípios, [...]. § 1° Poderão ser instituídas Regiões de Saúde interestaduais, compostas por Municípios limítrofes, por ato conjunto dos respectivos Estados em articulação com os Municípios".

a essas regiões, os entes federados deverão definir, dentre outras questões, o "rol de ações e serviços que serão ofertados" e "respectivas responsabilidades, critérios de acessibilidade e escala para conformação dos serviços" (artigo 7°, III e IV).

Esse decreto também apresenta um elemento novo: a *Relação Nacional de Ações e Serviços de Saúde* – RENASES, a qual "compreende todas as ações e serviços que o SUS oferece ao usuário" (artigo 21). A União, os Estados, o Distrito Federal e os Municípios deverão pactuar "nas respectivas Comissões Intergestores as suas responsabilidades em relação ao rol de ações e serviços constantes da RENASES" (artigo 23). Essa sistemática, ao que parece, irá introduzir a mesma lógica de listas que está presente no campo da assistência farmacêutica.

A colaboração entre os entes será realizada por meio de *contrato organizativo da ação pública da saúde* (artigo 33) o objeto do contrato "é a organização e a integração das ações e dos serviços de saúde, sob a responsabilidade dos entes federativos em uma Região de Saúde, com a finalidade de garantir a integralidade da assistência aos usuários" (artigo 34), mas há que se levar em conta a definição dada no artigo 2°, II, o qual define que é o "acordo de colaboração firmado entre entes federativos com a finalidade de organizar e integrar as ações e serviços de saúde na rede regionalizada e hierarquizada [...]". O artigo 37 estabelece como diretrizes básicas elementos relativos à avaliação do usuário como ferramenta de melhoria (ver inciso I); "apuração permanente das necessidades e interesses do usuário" (II); "publicidade dos direitos e deveres do usuário [...]" (ver inciso III). O Contrato deverá definir "as responsabilidades individuais e solidárias dos entes federativos com relação às ações e serviços de saúde" (artigo 35).

Esse é o contexto básico da assistência à saúde. Nele há uma complexa distribuição de responsabilidades entre os entes da federação. No exemplo específico da assistência farmacêutica já é possível ver em concreto essa complexidade. Em sentido mais amplo a assistência farmacêutica compreende não somente o âmbito ambulatorial, que abrange quase exclusivamente instituições públicas estatais, mas também o âmbito hospitalar que abrange primordialmente instituições privadas prestadoras de serviços ao SUS.[101]

---

[101] VIEIRA, Fabíola Sulpino. Assistência farmacêutica no sistema público de saúde no Brasil. *Rev Panam Salud Publica*, Washington, v. 27, n. 2, fev. 2010. Disponível em <http://www.scielosp.org/scielo.php?script=sci_arttext&pid=S1020-49892010000200010&lng=en&nrm=iso>. Accesso em 01 fev. 2011. p. 150.

Cabendo referir também, por exemplo, e de forma mais ampla que, no SUS-Municipal os estabelecimentos

não precisam ser, obrigatoriamente, de propriedade da prefeitura, nem precisam ter sede no território do município. Suas ações, desenvolvidas pelas unidades estatais (próprias, estaduais ou federais) ou privadas (contratadas ou conveniadas, com prioridade para as entidades filantrópicas), têm que estar organizadas e coordenadas, de modo que o gestor municipal possa garantir à população o acesso aos serviços e a disponibilidade das ações e dos meios para o atendimento integral.[102]

Nesse contexto, é importante dizer que:

Independentemente da gerência dos estabelecimentos prestadores de serviços ser estatal ou privada, a gestão de todo o sistema municipal é, necessariamente, da competência do poder público e exclusiva desta esfera de governo, respeitadas as atribuições do respectivo Conselho e de outras diferentes instâncias de poder. [...] São [...] gestores do SUS os Secretários Municipais e Estaduais de Saúde e o Ministro da Saúde, que representam, respectivamente, os governos municipais, estaduais e federal.[103]

O que aqui importa é demonstrar a necessidade de articular diferentes esferas e também uma articulação com a esfera privada. Não é por acaso que o artigo 3º do Decreto 7.508, ao tratar da organização do SUS, refira a participação complementar da iniciativa privada e no artigo 15, § 1º, que o planejamento da saúde "será indutor de políticas para a iniciativa privada".[104] No primeiro excerto citado da NOB 1/96, quando refere que o estabelecimento não precisa ter sede no município, parece contemplar as disposições contidas no item 5 do referido documento, que trata das relações entre os sistemas municipais para fazer frente à realidade de municípios atenderem a pessoas encaminhadas por outros.

Também é necessário assinalar o papel importante dos fóruns de negociação compostos (1) na Comissão Intergestores Tripartite (CIT) pelos gestores federal, estadual e municipal; (2) na Comissão

---

[102]Item 4. BRASIL. Ministério da Saúde. Portaria n. 2.203, de 5 de novembro de 1996. Publicada em 06 nov. 1996. Aprova a NOB 1/96. Disponível em<http://bvsms.saude.gov.br/bvs/saudelegis/gm/1996/prt2203_05_11_1996.html>. Acesso em 11 nov. 2011.

[103] Item 4. BRASIL. Ministério da Saúde. Portaria n. 2.203, de 5 de novembro de 1996.

[104] BRASIL. Presidência da República. Decreto 7.508 de 28 de junho de 2011. Esse ponto seria oportuno para refletir, de forma ainda mais ampliada, a repartição de responsabilidades, incluindo nesse campo uma importante parcela de responsabilidade da sociedade civil, a qual se manifesta na definição do perfil do parlamento e do chefe do executivo, no âmbito do controle por meio de suas instituições organizadas, pelo exercício dos direitos da cidadania. Cf. LEAL, Rogério Gesta. A efetivação do direito à saúde por uma jurisdição-serafim: limites e possibilidades. In: REIS, Jorge Renato dos; —— (Orgs.). *Direitos Sociais e Políticas Públicas:* desafios contemporâneos. Santa Cruz do Sul: EDUNISC, 2006. Tomo 6. p. 1531 e 1532. Assim como já se observou acerca da separação de poderes, também se pode considerar que a distribuição de responsabilidades abarca a sociedade e os particulares em geral.

Intergestores Bipartite (CIB) pelos gestores estadual e municipal, os quais, em síntese realizam a pactuação e integração das programações.[105]

Voltando ao tema da assistência farmacêutica, o presente estudo irá pautar a descrição de alguns exemplos centrais, os componentes da assistência farmacêutica: o componente estratégico, especializado e o básico.[106] Por meio deles é possível notar a necessidade de articular as esferas federadas que gerenciam o sistema público de saúde. Devido à amplitude da temática e da grande quantidade de normas, sobretudo portarias, o estudo ficará restrito a esse campo que abrange uma parte específica do âmbito ambulatorial.

Com referência ao primeiro componente o Ministério da Saúde "considera como estratégico todos os medicamentos utilizados para tratamento das doenças de perfil endêmico e que tenham impacto socioeconômico" e constam os seguintes programas de saúde estratégicos: controle da tuberculose; controle da hanseníase; DST / AIDS; endemias focais; sangue e hemoderivados; alimentação e nutrição; controle do tabagismo. Nesse caso são da competência do Ministério da Saúde os protocolos de tratamento; o planejamento; a

---

[105] Item 4 e item 5. BRASIL. Ministério da Saúde. Portaria n. 2.203, de 5 de novembro de 1996. Vide também as disposições do recente Decreto 7.508 de 28 de junho de 2011. "Art. 30. As Comissões Intergestores pactuarão a organização e o funcionamento das ações e serviços de saúde integrados em redes de atenção à saúde, sendo: I – a CIT, no âmbito da União, vinculada ao Ministério da Saúde para efeitos administrativos e operacionais; II – a CIB, no âmbito do Estado, vinculada à Secretaria Estadual de Saúde para efeitos administrativos e operacionais; e III – a Comissão Intergestores Regional – CIR, no âmbito regional, vinculada à Secretaria Estadual de Saúde para efeitos administrativos e operacionais, devendo observar as diretrizes da CIB". "Art. 32. As Comissões Intergestores pactuarão: I – aspectos operacionais, financeiros e administrativos da gestão compartilhada do SUS, de acordo com a definição da política de saúde dos entes federativos, consubstanciada nos seus planos de saúde, aprovados pelos respectivos conselhos de saúde; II – diretrizes gerais sobre Regiões de Saúde, integração de limites geográficos, referência e contrarreferência e demais aspectos vinculados à integração das ações e serviços de saúde entre os entes federativos; III – diretrizes de âmbito nacional, estadual, regional e interestadual, a respeito da organização das redes de atenção à saúde, principalmente no tocante à gestão institucional e à integração das ações e serviços dos entes federativos; IV – responsabilidades dos entes federativos na Rede de Atenção à Saúde, de acordo com o seu porte demográfico e seu desenvolvimento econômico-financeiro, estabelecendo as responsabilidades individuais e as solidárias; e V – referências das regiões intraestaduais e interestaduais de atenção à saúde para o atendimento da integralidade da assistência". BRASIL. Presidência da República. Decreto 7.508 de 28 de junho de 2011. Mais recentemente a Lei 12.466/2011 acrescentou disposições à Lei 8.080/1990 relativas a esses foros de negociação e a entidades representativas das esferas federadas. BRASIL. Presidência da República. Lei 12.466, de 24 de agosto de 2011. Publicação 25 ago. 2011. Disponível em: <http://www.planalto.gov.br/CCIVIL_03/_Ato2011-2014/2011/Lei/L12466.htm>. Acesso em 11 maio 2012.

[106] Para uma explicação mais ampla consultar: VIEIRA, Fabiola Sulpino. Assistência farmacêutica no sistema público de saúde no Brasil. p. 151.

aquisição centralizada; a distribuição aos Estados. É da competência das Secretarias Estaduais de Saúde, por outro lado, o armazenamento; a distribuição às Regionais ou Municípios.[107]

O componente especializado da assistência farmacêutica é regulado pela Portaria 2.981, de 26 de novembro de 2009.[108] Conforme definido no artigo 8º da referida Portaria, o componente consiste em "uma estratégia de acesso a medicamentos [...] caracterizado pela busca da garantia da integralidade do tratamento medicamentoso, em nível ambulatorial, cujas linhas de cuidado estão definidas em Protocolos Clínicos e Diretrizes Terapêuticas publicados pelo Ministério da Saúde". O parágrafo único do mesmo artigo define que o acesso aos medicamentos contemplados no componente será garantido mediante pactuação entre os entes federados. A portaria organiza três grupos de medicamentos (art. 9º): medicamentos sob responsabilidade da União (Grupo 1); medicamentos sob responsabilidade dos Estados e Distrito Federal (Grupo 2); medicamentos sob responsabilidade dos Municípios e Distrito Federal (Grupo 3).

No caso do grupo 2, as secretarias estaduais de saúde são responsáveis pela programação, aquisição, armazenamento e distribuição dos medicamentos constantes do anexo II da portaria (art. 46), e o financiamento cabe integralmente aos Estados e ao Distrito Federal (art. 59). Com relação ao grupo 1, em síntese, há uma subdivisão na qual para os medicamentos do grupo 1A a aquisição é centralizada pelo Ministério da Saúde, e o grupo 1B trata dos medicamentos financiados pelo Ministério da Saúde com transferência de recursos (anexo 1).[109] O artigo 24 traz uma relação de medicamentos transferidos para o componente básico, portanto, para o grupo 3, que possui regulamentação própria.

---

[107] Informação disponibilizada no site do Ministério da Saúde. Disponível em <http://portal.saude.gov.br/portal/saude/profissional/visualizar_texto.cfm?idtxt=29009&janela=2>. Acesso em 11 nov. 2011.

[108] "Em novembro de 2009, o Programa de Medicamentos de Dispensação Excepcional que integrava o componente de Medicamentos de Dispensação Excepcional passou a ser denominado Componente Especializado da Assistência Farmacêutica." VIEIRA, Fabiola Sulpino. Assistência farmacêutica no sistema público de saúde no Brasil. *Rev Panam Salud Publica*, Washington, v. 27, n. 2, fev. 2010. Disponível em <http://www.scielosp.org/scielo.php?script=sci_arttext&pid=S1020-49892010000200010&lng=pt&nrm=iso>. Acesso em 21 abr. 2010. MINISTÉRIO DA SAÚDE. Portaria 2.981 de 26 de novembro de 2009. Disponível em <http://bvsms.saude.gov.br/bvs/saudelegis/gm/2009/prt2981_26_11_2009_rep.html>. Acesso em 11 Nov. 2011.

[109] Ver também detalhes do artigo 45 da portaria. Os grupos 1A e 1B são financiados pelo Ministério da Saúde (art. 60 da portaria).

Por sua vez, a Portaria 4.217, de 28 de dezembro de 2010,[110] regulamenta o componente básico da assistência farmacêutica. Os anexos I, II, III e IV da Portaria trazem o Elenco de Referência Nacional de Medicamentos e Insumos Complementares para a Assistência Farmacêutica na Atenção Básica (artigo 1º). A respeito desse elenco, é importante frisar que "não é obrigatória a disponibilização de todos os medicamentos relacionados nos Anexos I, II e III pelos Municípios e pelo Distrito Federal" (artigo 3º, § 4º).

Dentro do componente básico, o financiamento dos medicamentos previstos nos anexos I, II e III é de responsabilidade das três esferas de gestão e são definidos valores mínimos a serem aplicados (União: R$ 5,10 por habitante/ano; estados e Distrito Federal: R$ 1,86 por habitante/ano; municípios: R$ 1,86 por habitante/ano).[111]

O anexo I consiste numa lista de "fármacos com aquisição pelos municípios, Distrito Federal e/ou estados, conforme pactuação nas Comissões Intergestores Bipartite e financiamento tripartite". O anexo II traz uma lista de "medicamentos fitoterápicos e homeopáticos com aquisição pelos municípios, Distrito Federal e/ou Estados, conforme pactuação nas Comissões Intergestores Bipartite e financiamento tripartite". O III trata dos "fármacos a serem disponibilizados pelos municípios e Distrito Federal, para atendimento das linhas de cuidado do Componente Especializado da Assistência Farmacêutica, e outras doenças no âmbito da atenção básica". O IV, de "fármacos e insumos com financiamento, aquisição e distribuição pelo Ministério da Saúde".

O § 2º do artigo 1º define que "os medicamentos e insumos para o Combate ao Tabagismo e para a Alimentação e Nutrição integram o Componente Estratégico [...]".

Dentre as várias determinações contidas na Portaria consta a de que, no prazo de seis meses a contar da sua publicação, as secretarias estaduais enviem resolução/deliberação da pactuação na Comissão Intergestores Bipartite (CIB) contendo o Elenco de Referência Estadual (artigo 13, II).

Essa Portaria revoga a recente Portaria 2.982/GM/MS, publicada no Diário Oficial da União de 30 de novembro de 2009 e republicada no dia 1º de dezembro de 2009 (artigo 19).

---

[110] BRASIL. Ministério da Saúde. *Portaria 4.217 de 28 de dezembro de 2010*. Diário Oficial da União 249 de 29 de dezembro de 2010. p.73-74.Disponível em <http://www.saude.rs.gov.br/dados/1295543924916Portaria_MS_4217_28_12_2010.pdf>.Acesso em 11 nov. 2011.

[111] Artigo 2º da Portaria.

A Portaria 1.044, de 05 de maio de 2010, aprova a 7ª edição da Relação Nacional de Medicamentos Essenciais – Rename.[112] A relação busca atender

A necessidade de se efetuar a seleção de medicamentos essenciais, considerados seguros, eficazes e de custos efetivos, destinados ao atendimento dos problemas prioritários de saúde da população, diante da multiplicidade de produtos farmacêuticos e do intenso desenvolvimento de novas tecnologias

A portaria, em seu artigo 3º, também define que:

A relação norteia a oferta, a prescrição e a dispensação de medicamentos nos serviços do SUS, com a possibilidade de adaptação da relação aos perfis específicos de morbimortalidade das populações pelos Estados, os Municípios e o Distrito Federal, garantindo-lhes o acesso a medicamentos com uso racional.[113]

Nesse sentido, é importante mencionar que:

Ao contrário do que recomenda a OMS, a Rename não é uma lista de oferta obrigatória nos serviços de saúde. [...] Nem todos os medicamentos da Rename têm financiamento definido no SUS. Os gestores utilizam a relação para preparar as listas de medicamentos financiáveis que fazem parte dos programas de assistência farmacêutica. Além disso, estados e municípios, devido a sua autonomia político--administrativa, também podem definir relações de medicamentos essenciais. Embora tal situação possa se justificar pelos diferentes perfis de morbimortalidade ao longo do território nacional, a variedade de listas acaba confundindo a sociedade sobre os medicamentos que encontrará nos serviços.[114]

Dentro desse contexto, no qual estados e municípios podem definir suas próprias listas, há exemplo do Estado do Rio Grande do Sul. Por meio da Resolução CIB/RS nº 090/2011 a Comissão Intergestores Bipartite/RS define "o elenco estadual de referência de medicamentos e insumos complementares para a Assistência Farmacêutica na Atenção Básica o disposto nos Anexos I, II, III e IV da Portaria GM/MS nº 4217/10", do Ministério da Saúde (artigo 1º).[115] O Estado do Rio Grande do Sul dispõe também de uma lista referente a medicamentos especiais, conforme dispõe a Porta-

---

[112] BRASIL. Ministério da Saúde. Portaria 1.044 de 05 de maio de 2010. Disponível em <http://bvsms.saude.gov.br/bvs/saudelegis/gm/2010/prt1044_05_05_2010.html>. Acesso em 11 nov. 2011. BRASIL. Ministério da Saúde. *Relação Nacional de Medicamentos Essenciais (RENAME 2010)*. 7ª Edição. Distrito Federal, 2010. Disponível em <http://bvsms.saude.gov.br/bvs/publicacoes/rename_2010.pdf>. Acesso 11 nov. 2011.

[113] BRASIL. Ministério da Saúde. *Portaria 1.044 de 05 de maio de 2010.*

[114] VIEIRA, Fabiola Sulpino. Assistência farmacêutica no sistema público de saúde no Brasil. *Rev. Panam Salud Publica*, Washington, v. 27, n. 2, fev. 2010. Disponível em <http://www.scielosp.org/scielo.php?script=sci_arttext&pid=S1020-49892010000200010&lng=en&nrm=iso>. Acesso em 01 fev. 2011.

[115] RIO GRANDE DO SUL. Secretaria da Saúde. Resolução CIB/RS nº 090/2011. Disponível em <http://www.saude.rs.gov.br/dados/1306442101141cib%20090.pdf>. Acesso em 11 nov. 2011.

ria/SES/RS 670/2010,[116] trata-se de uma relação estadual.[117] Quanto ao componente especializado da assistência farmacêutica o *site* da Secretaria da Saúde do Rio Grande do Sul divulga a própria portaria GM/MS 2981/09 do Ministério da Saúde que estabeleceu o referido componente.[118]

Voltando ao tema da assistência à saúde em geral o estudo foca igualmente em exemplos específicos que são dados pela Política Nacional de Atenção Oncológica e pelo Programa Farmácia Popular do Brasil.

A Política Nacional de Atenção Oncológica foi instituída pela Portaria 2.439, de 08 de dezembro de 2005.[119] Essa política envolve (artigo 1º) "Promoção, Prevenção, Diagnóstico, Tratamento, Reabilitação e Cuidados Paliativos, a ser implantada em todas as unidades federadas, respeitadas as competências das três esferas de gestão" e exige (artigo 2º) organização "de forma articulada com o Ministério da Saúde e com as Secretarias de Saúde dos estados e dos municípios". O artigo 3º da Portaria estabelece como componentes fundamentais dessa política, dentre outros, (inciso I) "promoção e vigilância em saúde: elaborar políticas, estratégias e ações que ampliem os modos de viver mais favoráveis à saúde e à qualidade de vida e que superem a fragmentação das ações de saúde, mediante articulação intersetorial em busca de uma maior efetividade e eficiência"; (inciso III) no âmbito da atenção básica que se realize na rede de serviços básicos de saúde, ações "voltadas para a promoção da saúde e prevenção do câncer, bem como ao diagnóstico precoce e apoio à terapêutica de tumores, aos cuidados paliativos e às ações clínicas para o seguimento de doentes tratados"; (inciso IV) na média complexidade que se realize assistência diagnóstica e terapêutica especializada, inclusive cuidados paliativos, "ações essas que devem ser organizadas segundo o planejamento de cada unidade federada e os princípios e diretrizes de universalidade, equidade,

---

[116] RIO GRANDE DO SUL. Secretaria da Saúde. Portaria/SES/RS 670/2010. DOE Republicada em 31 Dez. 2010. Disponível em <http://www.saude.rs.gov.br/dados/1295875387716Republicacao%20port.%20670%20-%20Med.%20Especiais%20-%20pag%20web.pdf>. Acesso em 11 nov. 2011.

[117] Ver também descrição contida em: <http://www.saude.rs.gov.br/wsa/portal/index.jsp?menu=organograma&cod=2408>. Acesso em: 11 nov. 2011.

[118] Informação extraída do site da Secretaria da Saúde do Rio Grande do Sul. Disponível em: <http://www.saude.rs.gov.br/wsa/portal/index.jsp?menu=organograma&cod=4846>. Acesso em: 11 nov. 2011.

[119] BRASIL. Ministério da Saúde. Portaria n. 2.439, de 08 de dezembro de 2005. Publicada em 09 dez. 2005. Disponível em: <http://bvsms.saude.gov.br/bvs/saudelegis/gm/2005/prt2439_08_12_2005.html>. Acesso em: 11 nov. 2011.

regionalização, hierarquização e integralidade da atenção à saúde"; (inciso V) no que se refere à alta complexidade, que se garanta o acesso dos doentes com diagnóstico clínico ou definitivo de câncer a esse nível de atenção, determine a extensão da neoplasia (estadiamento), trate, cuide e assegure qualidade de acordo com rotinas e condutas estabelecidas; (Inciso IX) "regulação, fiscalização, controle e avaliação das ações da Atenção Oncológica de competência das três esferas de governo".

A Portaria 741, de 19 de dezembro de 2005,[120] define "as Unidades de Assistência de Alta Complexidade em Oncologia, os Centros de Assistência de Alta Complexidade em Oncologia (CACON) e os Centros de Referência de Alta Complexidade em Oncologia e suas aptidões e qualidades" (artigo 1º). Nesse sentido define Unidade de Assistência de Alta Complexidade em Oncologia como "o hospital que possua condições técnicas, instalações físicas, equipamentos e recursos humanos adequados à prestação de assistência especializada de alta complexidade para o diagnóstico definitivo e tratamento dos cânceres mais prevalentes no Brasil". (§ 1º); Centro de Assistência de Alta Complexidade em Oncologia (CACON) como "o hospital que possua as condições técnicas, instalações físicas, equipamentos e recursos humanos adequados à prestação de assistência especializada de alta complexidade para o diagnóstico definitivo e tratamento de todos os tipos de câncer" (§ 2º). Essas instituições

> devem, sob regulação do respectivo Gestor do SUS, guardar articulação e integração com a rede de saúde local e regional e disponibilizar, de forma complementar e por decisão do respectivo Gestor, consultas e exames de média complexidade para o diagnóstico diferencial do câncer (§§ 1º e 2º).

A portaria define Centro de Referência de Alta Complexidade em Oncologia como "um CACON que exerça o papel auxiliar, de caráter técnico, ao Gestor do SUS nas políticas de Atenção Oncológica" e que, dentre outros requisitos, seja hospital de ensino (I) e participe "de forma articulada e integrada com o sistema público de saúde local e regional" (III).

O artigo 8º da Portaria 741 determina que a Coordenação Geral de Alta Complexidade do Departamento de Atenção Especializada, em articulação com o Instituto Nacional do Câncer – INCA, formalize "um grupo técnico de assessoramento aos Estados e Municí-

---

[120] BRASIL. Ministério da Saúde. Portaria 741, de 19 de dezembro de 2005. Publicada em 23 dez. 2005. Disponível em <http://bvsms.saude.gov.br/bvs/saudelegis/sas/2005/prt0741_19_12_2005.html>. Acesso em 11 nov. 2011.

pios para o planejamento, avaliação e aprovação da rede de atenção oncológica dos Estados, inclusive com a atribuição de auxiliar as secretarias de saúde nesse planejamento". Esse grupo técnico "deverá contar com representantes do CONASS – Conselho Nacional de Secretários de Saúde e CONASEMS – Conselho Nacional de Secretários Municipais de Saúde" (parágrafo único).

O parágrafo único do artigo 11 determina que "preferencialmente, deverão ser autorizados como Centros de Referência os hospitais públicos, filantrópicos, sem fins lucrativos e com fins lucrativos, nesta ordem".

O artigo 13 estabelece que "a integração hierarquizada das unidades e centros credenciados para prestar serviços assistenciais em oncologia deve ser articulada pelo respectivo Gestor do SUS, conforme a rede de atenção planejada" e o 14 que:

> As unidades e centros credenciados para prestar serviços assistenciais de alta complexidade em oncologia deverão submeter-se à regulação, fiscalização, controle e avaliação do Gestor estadual e municipal, conforme as atribuições estabelecidas nas respectivas condições de gestão.

Feitas essas considerações, essa breve descrição da política de atenção oncológica em seus contornos normativos, o foco passa para outra política pública, a qual é regulada pela Portaria 184 de 3 de fevereiro de 2011 e denominada Programa Farmácia Popular do Brasil (PFPB).[121] Esse programa buscar disponibilizar medicamentos e/ou correlatos à população pelo Ministério da Saúde (artigo 2°) mediante (inciso I) "a 'Rede Própria', constituída por Farmácias Populares, em parceria com os Estados, Distrito Federal, Municípios e hospitais filantrópicos"; (inciso II) "o 'Aqui Tem Farmácia Popular', constituído por meio de convênios com a rede privada de farmácias e drogarias".

> Na "Rede Própria", a Fundação Oswaldo Cruz – FIOCRUZ será a executora das ações inerentes à aquisição, estocagem, comercialização e dispensação dos medicamentos, podendo para tanto firmar convênios com a União, Estados, Distrito Federal, Municípios e Instituições, sob a supervisão direta e imediata do MS (artigo 3º).

No "Aqui tem Farmácia Popular" a operacionalização do PFPB ocorrerá diretamente entre o MS e a rede privada de farmácias e drogarias, mediante relação contratual regida pela Lei n° 8.666, de 21 de junho de 1993 (artigo 4°).

---

[121] BRASIL. Ministério da Saúde. Portaria 184 de 3 de fevereiro de 2011. Publicado em 4 fev. 2011. Dispõe sobre o Programa Farmácia Popular do Brasil. Disponível em <http://portal.saude.gov.br/portal/arquivos/pdf/portaria_184.pdf> Acesso em 11 nov. 2011.

Nas duas modalidades haverá gratuidade para os usuários no que se refere aos medicamentos definidos para o tratamento da hipertensão arterial e/ou *diabetes mellitus* (artigo 6º). No âmbito do "aqui tem farmácia popular", para os demais casos, o Ministério da Saúde pagará até 90% do valor, o pagamento do restante é feito pelo paciente (ver artigo 8º, 11, 12, 13). A leitura da seção que trata do modelo de gestão da rede própria mostra que esse é um programa do nível federal, ao qual cabe a coordenação de forma exclusiva, sendo, portanto, um programa centralizado no que diz respeito à coordenação.[122]

Por fim, o estudo realizado nesse capítulo mostra que, com relação às competências, existe um potencial conflito de atribuições oferecido pelas competências legislativas concorrentes e o potencial risco da desarticulação e do vácuo pelas competências administrativas comuns. Percebe-se também um complexo inter-relacionamento entre as diversas normas, sobretudo no âmbito das portarias e dos decretos, cujas disposições afetam de forma decisiva a prestação dos serviços de saúde. Levando em conta a rápida e constante produção normativa, muitas vezes não fica clara a relação entre os vários textos.

As portarias que regulam cada um dos componentes da assistência farmacêutica acabam por introduzir modificações de *status*, inclusões e supressões nos demais componentes. Mas, em cada um dos componentes existem diferentes atribuições para os níveis de gestão. A relação não vinculativa entre os diversos elencos de refe-

---

[122] Vide "Art. 63. O PFPB realizado em ação conjunta entre o MS e a Fundação Oswaldo Cruz (FIOCRUZ), será coordenado por um Conselho Gestor, vinculado diretamente à SCTIE/MS. Parágrafo único. O Conselho Gestor do PFPB terá a seguinte composição: I – três representantes da SCTIE/MS, sendo um deles o Diretor do DAF/SCTIE/MS, que o coordenará; e II – três representantes indicados pela Presidência da FIOCRUZ". "Art. 65. Ao Conselho Gestor do Programa Farmácia Popular do Brasil compete: I – aprovar anualmente o Plano de Metas e o Plano de Desenvolvimento; II – aprovar anualmente o Relatório de Gestão do PFPB; III – monitorar a execução orçamentária e a movimentação financeira; IV – acompanhar as propostas de convênios com instituições públicas ou privadas que visem apoiar o desenvolvimento do PFPB; V – aprovar o Manual Básico do PFPB; VI – orientar e participar da formulação de indicadores de resultados e do impacto do PFPB; VII – sugerir a habilitação de parceiros e a celebração de convênios que se façam necessárias, não-previstas ou contempladas nas normas e requisitos estabelecidos; e VIII – propor o elenco de medicamentos e/ou correlatos, e definição do preço de dispensação a ser disponibilizado pelo PFPB". "Art. 64. As atividades do PFPB serão desenvolvidas de acordo com a Lei nº 10.858, de 13 de abril de 2004, pela FIOCRUZ, por meio da Gerência Técnica e da Gerência Administrativa do Programa Farmácia Popular do Brasil e pelo MS, por meio da SCTIE/MS, sob a responsabilidade do DAF/SCTIE/MS". "Art. 67. À Gerência Administrativa do Programa Farmácia Popular do Brasil compete: I – dar suporte à instalação e à manutenção de unidades mediante a celebração de convênios ou parceria entre o MS, a FIOCRUZ e os Municípios, os Estados, o Distrito Federal e Instituições; [...]". Vide também artigos 66 e 68.

rência faz com que qualquer afirmação sobre a obrigação a respeito de um medicamento específico seja feita somente após um estudo focado no ente federado em discussão. Algo parecido com isso pode estar prestes a ocorrer com a assistência à saúde em geral em virtude da previsão da *Relação Nacional de Ações e Serviços de Saúde* – RENASES pelo Decreto 7.508.

A cooperação e a integração aparecem como elementos centrais das políticas de assistência à saúde nas normas estudadas. O *contrato organizativo da ação pública da saúde* e as *regiões de saúde* parecem passos importantes para concretizá-los, mas igualmente decisivo será o sucesso ou o insucesso no uso efetivo desses instrumentos. Por isso é imprescindível que os dados relativos a essas pactuações estejam disponíveis em meios acessíveis para a população: (1) de maneira a possibilitar o acompanhamento da realização da política pública (a exemplo dos bancos de dados disponibilizados via internet); (2) para saber onde receber os atendimentos e também as responsabilidades dos entes federados (a medida na qual respondem), de forma a não permitir que a omissão estatal se transforme em argumento contra o cidadão.

Em certa medida parece inevitável, mas deve ser assinalado que mesmo as disposições que regulam (exemplo Decreto 7.508) são bastante abstratas e temos nas normas estudadas a criação de muitas formas (muitos caminhos) que se bem preenchidas podem levar à realização razoável de seus objetivos, todavia, há o risco de que essa complexidade de informações apenas perca seu sentido porque não aparece de forma clara, ao cidadão e aos profissionais que atuam na área, a resposta sobre qual é o direito e quem por ele responde. Levando em conta o estudo realizado no primeiro capítulo parece inevitável que um problema a ser enfrentado será o da demora na efetiva implantação (e com qualidade) das novas diretrizes. Além do mais, o sistema combina centralização com descentralização. De um lado há a autonomia dos entes e os diferentes interesses dos grupos políticos que controlam os entes federados, a representar a descentralização; de outro temos o próprio dever de cooperação e as comissões intergestores, a representar uma forma que tende para o centro e, no mínimo, para a unidade. Por isso, dificuldades de ambas as tendências poderão ter de ser enfrentadas para a realização dos objetivos delineados.

4. Emenda Constitucional 29 como contributo para a cooperação

O presente capítulo investiga qual o contributo da Emenda Constitucional 29 para a cooperação interfederativa na área do direito à saúde. Apresenta a pesquisa dos principais elementos dessa emenda e do processo de regulamentação, que recentemente deu um passo importante com a sanção da Lei Complementar 141,[123] das divergências que se têm apresentado na área.

Conforme o § 2º do artigo 198 da Constituição Federal União, Estados, Distrito Federal e Municípios devem aplicar recursos mínimos na saúde. Segundo o § 3º, os percentuais referentes a esses recursos mínimos devem ser estabelecidos por lei complementar. Essa lei deve estabelecer: "os critérios de rateio dos recursos da União vinculados à saúde destinados aos Estados, ao Distrito Federal e aos Municípios, e dos Estados destinados a seus respectivos Municípios, objetivando a progressiva redução das disparidades regionais"; "as normas de fiscalização, avaliação e controle das despesas com saúde nas esferas federal, estadual, distrital e municipal". Com isso busca-se criar uma política de gestão. A lei deve estabelecer também "as normas de cálculo do montante a ser aplicado pela União". Essas disposições do artigo 198 da Constituição Federal foram acrescentadas pela EC 29 do ano de 2000,[124] a qual estabeleceu provisoriamente os percentuais mínimos a serem aplicados.

Para atingir tais objetivos e estabelecer os percentuais mínimos, recentemente, foi sancionada a Lei Complementar 141/2012.[125] Com isso se antevê, em tese, um novo contexto normativo a reger o

---

[123] BRASIL. Presidência da República. Lei Complementar 141, de 13 de janeiro de 2012. Disponível em: <http://www.planalto.gov.br/CCIVIL_03/LEIS/LCP/Lcp141.htm>. Acesso em: 11 maio 2012.

[124] BRASIL. Presidência da República. Emenda Constitucional 29, de 13 set. 2000. Disponível em <http://www.planalto.gov.br/ccivil_03/Constituicao/Emendas/Emc/emc29.htm#art198%C2%A71>. Acesso em 30 out. 2010.

[125] BRASIL. Presidência da República. Lei Complementar 141, de 13 de janeiro de 2012.

tema do financiamento da saúde. Entretanto, não se pode afastar a necessidade de uma análise do recente cenário da área. É possível ver uma trajetória de iniciativas, de impasses e que passa pela importante, mas, ainda assim, incipiente experiência representada pela recente sanção da referida Lei Complementar. Outro aspecto importante a considerar é que em alguns aspectos o novo marco regulatório parece não alterar significativamente o cenário, todavia, é no transcurso do tempo que se poderá confirmar ou não essa hipótese. Por último, algumas previsões atuais que possivelmente regerão o assunto são tributárias de aprendizados e discussões pretéritas.

Por exemplo, na discussão do texto que deu origem à Lei Complementar 141, houve a rejeição da proposta de criação de uma contribuição social para a saúde (CSS).[126] Esse foi (e talvez ainda seja) um debate central. Nele, de um lado pode-se afirmar a necessidade de rubrica específica para a saúde porque dentro do financiamento global haveria uma disputa desigual com outros setores de governo.[127] De outro, não se pode perder de vista graves problemas de nosso sistema tributário, a saber, "a desvinculação de receitas da União, que fere a repartição federada de receitas tributárias" e a "desvinculação de receitas de contribuições sociais".[128]

A possibilidade de criação de tributo semelhante à CPMF é alvo de manifestações contrárias e de críticas, tendo em vista que o Brasil possui uma das mais altas cargas tributárias e investe precariamente em áreas essenciais como a saúde.[129] Deve estar em pauta não somente o aumento da carga tributária, mas, sobretudo a des-

---

[126] Essa informação pôde ser obtida consultando-se o andamento do Substitutivo da Câmara dos Deputados ao Projeto de Lei do Senado n. 121, de 2007 – complementar, no sítio do Senado. SENADO FEDERAL. Secretaria-Geral da Mesa. Atividade Legislativa – Tramitação de Matérias. Substitutivo da Câmara dos Deputados ao Projeto de Lei do Senado n. 121, de 2007 – complementar. Disponível em: <http://www.senado.gov.br/atividade/materia/detalhes. asp?p_cod_mate=102551>. Acesso em: 10 dez. 2011.

[127] BATISTA JÚNIOR, Francisco. Audiência Pública Saúde. *Responsabilidade dos Entes da Federação e Financiamento do SUS*. Supremo Tribunal Federal. 28 abr. 2009. Disponível em <http://www.stf.jus.br/arquivo/cms/processoAudienciaPublicaSaude/anexo/Sr._Francisco_Batista_Junior__Presidente_do_Conselho_Nacional_de_Saude_.pdf>. Acesso 06 set. 2010.

[128] CALIENDO, Paulo. Reserva do possível, direitos fundamentais e tributação. In: SARLET, Ingo Wolfgang; TIMM, Luciano Benetti (Orgs.). *Direitos Fundamentais:* orçamento e "reserva do possível". 2ª ed. Porto Alegre: Livraria do Advogado. 2010. p.185.
Para mais informações acerca do debate a respeito da Desvinculação das Receitas da União (DRU) Cf. SCAFF, Fernando Facury. Direitos humanos e a desvinculação das receitas da União – DRU. *Revista de Direito Administrativo*. Rio de Janeiro, v.236, p. 33-50, abr./jun. 2004.

[129] Há, por exemplo, o "Manifesto contra a CPMF" da Ordem dos Advogados do Brasil, Seccional Rio Grande do Sul, com o apoio de Instituições como o Sindicato Médico do Rio Grande do Sul e do Conselho Regional de Medicina do Estado do Rio Grande do Sul. Disponível em <http://www.agorachegacpmfnao.com.br/>. Acesso em 30 Dez. 2010.

tinação dos recursos e os desajustes do sistema tributário. Nesse sentido, quando os recursos da CPMF eram destinados para outra finalidade diversa encontrávamos um caso de desvio de finalidade ou mesmo de *fraude legislativa* na instituição de tributos que não financiavam as finalidades previstas na motivação constitucional.[130]

Outra questão importante nessa trajetória foi a avaliação do cumprimento satisfatório dos parâmetros fixados provisoriamente. Esse tópico é exemplificativo de um processo de aprendizado e de enfrentamento de divergências que ainda não está superado, tendo em vista a necessidade de avaliar os efeitos da atual Lei Complementar.

O SIOPS (Sistema de Informações sobre Orçamentos Públicos em Saúde) disponibiliza, via internet, dados relativos à aplicação dos recursos mínimos em saúde em relação aos Estados e Municípios.[131] Na tabela e gráfico abaixo consta a evolução do cumprimento do percentual estabelecido para os Estados. A partir de 2003, há uma evolução gradativa no sentido do cumprimento com uma queda em 2009 e retomada da evolução em 2010.

Tabela 1 – cumprimento do percentual mínimo pelos Estados[132]

	2000	2001	2002	2003	2004	2005	2006	2007	2008	2009	2010
I) Quantidade de Estados que transmitiram (a+b)	27	27	27	27	27	27	27	27	27	27	27
(a) aplicou o percentual da EC29	17	14	12	16	18	19	20	21	23	22	24
(b) Não aplicou o percentual da EC29	10	13	15	11	9	8	7	6	4	5	3
II) Quantidade que não transmitiram (c)	0	0	0	0	0	0	0	0	0	0	0
(c) Estados que não informaram	0	0	0	0	0	0	0	0	0	0	0
Quantidade de Estados Existentes (I+II)	27	27	27	27	27	27	27	27	27	27	27

---

[130] CALIENDO, Paulo. *Reserva do possível, direitos fundamentais e tributação.* p. 185, 186.

[131] Consultar os seguintes sítios na internet: página Inicial<http://siops.datasus.gov.br/>. SIOPS – Acompanhamento da EC 29<http://siops.datasus.gov.br/ec29.php?escacmp=3>.

[132] Fonte: SIOPS – Sistema de Informações sobre Orçamentos Públicos em Saúde. Ministério da Saúde. Disponível em <http://siops.datasus.gov.br/evolpercEC29UF.php>. Acesso em 26 nov. 2011. Posição em 26/11/2011 – 10:47:26. Tabela Adaptada. Com relação à consulta realizada anteriormente consta pequena diferença em relação ao ano de 2009 cujos valores foram: *I) Quantidade de Estados que transmitiram (a+b):* 26; *(a) aplicou o percentual da EC29:* 22; *b) Não aplicou o percentual da EC29:* 4; *II) Quantidade que não transmitiram (c):* 1; *(c) Estados que não informaram;* 1; *Quantidade de Estados Existentes (I+II):* 27. Fonte: SIOPS – Sistema de Informações sobre Orçamentos Públicos em Saúde. Ministério da Saúde. Disponível em<http://siops.datasus.gov.br/evolpercEC29UF.php>. Acesso em 24 Dez. 2010. Posição em 24/12/2010 – 13:23:56.

Figura 1 – aplicação do percentual da EC29 pelos Estados segundo dados do SIOPS

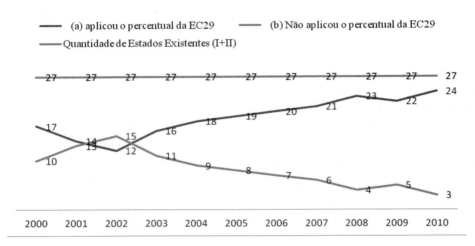

Com relação ao Estado do Rio Grande do Sul, percebe-se, conforme tabela 2 abaixo, que de 2000 a 2010 esse estado em momento algum conseguiu alcançar o percentual estabelecido. Esse dado é importante porque já se tem constatado que ele é líder em número de ações judiciais sobre saúde. Isso é o que se depreende de matéria publicada a respeito de um levantamento realizado pelo Conselho Nacional de Justiça e que constata que o estado reúne quase metade (113.953) das, pelo menos, 241 mil ações judiciais na área que o Brasil possui. A falta de investimento é uma das hipóteses que ajudam a entender o número, outro fator a considerar é uma suposta cultura de recorrer ao Judiciário com frequência.[133]

Tabela 2 – cumprimento do percentual mínimo pelo Estado do Rio Grande do Sul[134]

Ano	% Mínimo	% Aplicado
2000	7	6,82
2001	8	6,59
2002	9	5,62

[133] Conferir matéria: ESTADÃO. *RS reúne metade das ações judiciais de saúde*. 29 de abril de 2011. Disponível em <http://www.estadao.com.br/noticias/impresso,rs-reune-metade-das-acoes-judiciais-de-saude,712418,0.htm>. Acesso em 8 dez. 2011.

[134] Fonte: SIOPS. Disponível em <http://siops.datasus.gov.br/evolpercEC29UF.php>. Posição em 26/11/2011 – 10:47:26. Tabela Adaptada.

Ano	% Mínimo	% Aplicado
2003	10	4,32
2004	12	5,2
2005	12	4,8
2006	12	5,4
2007	12	5,8
2008	12	6,53
2009	12	7,24
2010	12	7,62

Com relação aos municípios brasileiros (tabela 3 e figura 2), há uma melhora substancial da situação a partir do ano de 2005. Já nesse ano a esfera municipal tende a apresentar uma aproximação entre o total de municípios e o número dos que cumpriram os percentuais mínimos. Os dados abaixo, sobretudo quanto aos anos de 2009 e 2010, apresentam níveis consideráveis de cumprimento. Apresentam números relevantes se for levado em conta que a quantidade de municípios ultrapassa cinco mil.

Tabela 3 – cumprimento do percentual mínimo pelos municípios brasileiros[135]

	2000	2001	2002	2003	2004	2005	2006	2007	2008	2009	2010
I) Quantidade de Municípios que transmitiram (a+b)	5337	5510	5508	5454	5409	5548	5546	5534	5501	5529	5458
(a) Aplicou o percentual da EC29	4585	3607	4243	4668	4672	5363	5498	5484	5462	5518	5441
(b) Não aplicou o percentual da EC29	752	1903	1265	786	737	185	48	50	39	11	17
II) Quantidade que não transmitiram (c+d)	168	49	51	105	149	14	16	28	61	34	105
(c) Municípios que não informaram	0	0	0	0	0	0	1	5	14	29	101
(d) Quantidade de Municípios sem balanço	168	49	51	105	149	14	15	23	47	5	4
Quantidade de Municípios Existentes (I+II)	5505	5559	5559	5559	5558	5562	5562	5562	5562	5563	5563

---

[135] Fonte. SIOPS. Disponível em <http://siops.datasus.gov.br/evolpercEC29.php>. Todos municípios de todas UFs. Relatório emitido em 29/11/2011 – 21:23:12. Tabela adaptada.

Figura 2 – aplicação do percentual da EC29 pelos municípios segundo dados do SIOPS

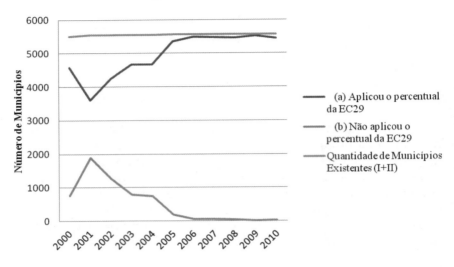

Entretanto, na esfera municipal há um fator diferente a considerar: a quantidade de municípios enquadrados no item "quantidade que não transmitiram" cresce a partir de 2005 e, em 2010, ultrapassa uma centena, repetindo o que ocorrera em 2000, 2003 e 2004. O gráfico de área (figura 3) retrata a situação a partir de 2005 e, aparentemente, há quase uma compensação da diminuição de municípios que não aplicaram pelo aumento dos que não transmitiram, embora seja importante frisar que os números apresentados de 2005 a 2007 sejam os menores da série. É importante frisar também que se tem consciência de que, no geral, esses números são irrelevantes frente ao total, embora não sejam de se desprezar porque além de aproximadamente 100 municípios se estará falando de cerca de 100 populações afetadas por eventual *déficit*.

Figura 3 – relação entre municípios que não aplicaram os percentuais da EC29 e os que não transmitiram – segundo dados do SIOPS

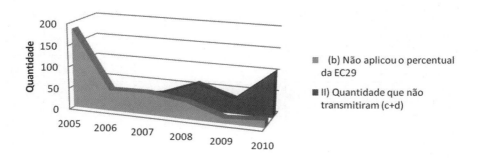

Com relação aos municípios do Estado do Rio Grande do Sul, percebe-se igualmente que em 2005 há um processo de melhora acentuado do cumprimento dos percentuais (tabela 4). Tendência que se repete nos municípios do Paraná e de Santa Catarina (tabelas 5 e 6). No apêndice "A" constam tabelas referentes aos municípios segundo cada estado e o que se percebe é a mesma tendência em quase todos. Poderia citar como exceção os municípios do Acre, que tiveram uma queda acentuada já em 2002, de Alagoas, que a tiveram em 2004 e do Amapá, que apresenta estabilidade entre 2003 e 2005 e que além de possuir poucos municípios também apresenta bastante variação no seu número total. Mas, apenas para referir, vale apontar que todos os três registram cumprimento em todos os municípios em 2010.[136] Com base nos dados apresentados, seria possível dizer que a esfera municipal já está firmada no cumprimento dos patamares mínimos provisoriamente estabelecidos?

---

[136] Ver tabelas do apêndice A.

Tabela 4 – cumprimento do percentual mínimo pelos municípios do Rio Grande do Sul[137]

	2000	2001	2002	2003	2004	2005	2006	2007	2008	2009	2010
I) Quantidade de Municípios que transmitiram (a+b)	467	497	497	497	496	496	496	496	496	496	496
(a) Aplicou o percentual da EC29	406	275	338	397	437	475	492	489	495	496	493
(b) Não aplicou o percentual da EC29	61	222	159	100	59	21	4	7	1	0	3
II) Quantidade que não transmitiram (c+d)	0	0	0	0	0	0	0	0	0	0	0
(c) Municípios que não informaram	0	0	0	0	0	0	0	0	0	0	0
(d) Quantidade de Municípios sem balanço	0	0	0	0	0	0	0	0	0	0	0
Quantidade de Municípios Existentes (I+II)	467	497	497	497	496	496	496	496	496	496	496

Tabela 5 – cumprimento do percentual mínimo pelos municípios do Paraná[138]

	2000	2001	2002	2003	2004	2005	2006	2007	2008	2009	2010
I) Quantidade de Municípios que transmitiram (a+b)	396	399	399	398	398	399	399	399	399	399	399
(a) Aplicou o percentual da EC29	363	214	294	358	344	382	396	398	396	398	398
(b) Não aplicou o percentual da EC29	33	185	105	40	54	17	3	1	3	1	1
II) Quantidade que não transmitiram (c+d)	3	0	0	1	1	0	0	0	0	0	0
(c) Municípios que não informaram	0	0	0	0	0	0	0	0	0	0	0
(d) Quantidade de Municípios sem balanço	3	0	0	1	1	0	0	0	0	0	0
Quantidade de Municípios Existentes (I+II)	399	399	399	399	399	399	399	399	399	399	399

---

[137] Fonte. SIOPS. Disponível em <http://siops.datasus.gov.br/evolpercEC29.php>. UF selecionada: Rio Grande do Sul. Relatório emitido em 29/11/2011 – 17:51:32. Tabela adaptada.

[138] Fonte. SIOPS. Disponível em <http://siops.datasus.gov.br/evolpercEC29.php>. UF selecionada: Paraná. Relatório emitido em 29/11/2011 – 17:38:52. Tabela adaptada.

Tabela 6 – cumprimento do percentual mínimo pelos municípios de Santa Catarina[139]

	2000	2001	2002	2003	2004	2005	2006	2007	2008	2009	2010
I) Quantidade de Municípios que transmitiram (a+b)	293	293	293	293	293	293	293	293	293	293	293
(a) Aplicou o percentual da EC29	247	173	215	255	267	289	293	293	292	293	293
(b) Não aplicou o percentual da EC29	46	120	78	38	26	4	0	0	1	0	0
II) Quantidade que não transmitiram (c+d)	0	0	0	0	0	0	0	0	0	0	0
(c) Municípios que não informaram	0	0	0	0	0	0	0	0	0	0	0
(d) Quantidade de Municípios sem balanço	0	0	0	0	0	0	0	0	0	0	0
Quantidade de Municípios Existentes (I+II)	293	293	293	293	293	293	293	293	293	293	293

Para responder a essa pergunta, há que se recorrer a indícios de divergência quanto aos métodos que levam aos dados quantitativos que são apresentados no sistema. Nesse sentido, tem-se noticiado que "ações governamentais alheias à política pública de saúde têm sido contabilizadas como se fossem gastos universais e gratuitos no setor, sem que a sociedade tome claramente conhecimento disso".[140]

A Nota Técnica 19/2010 – SIOPS/DESD/SE/MS aponta que há a inclusão de despesas em ações e serviços públicos em saúde que estão em dissonância com a Resolução 322/2003 do CNS (Conselho Nacional de Saúde). Aponta também que, relativo ao SIOPS anual de 2008, 23 estados afirmaram aplicar o mínimo de 12% em gastos com ações e serviços de saúde, enquanto 4 afirmaram aplicar menos que o mínimo constitucional (ES, PR, RS, MT) e que ao se analisarem os balanços estaduais de acordo com EC 29/2000 e Resolução 322/2003 do CNS, o número de estados que cumpriram cai para 14.[141]

---

[139] Fonte. SIOPS. Disponível em <http://siops.datasus.gov.br/evolpercEC29.php>. UF selecionada: Santa Catarina. Relatório emitido em 29/11/2011 – 17:58:01. Tabela adaptada.

[140] PINTO, Élida Graziane. Dez anos da Emenda 29 representam omissão em relação ao SUS. *Consultor Jurídico*. 13 out. 2010. Disponível em <http://www.conjur.com.br/2010-out-13/dez-anos-emenda-29-representam-omissao-estado-relacao-sus>. Acesso em 23 Dez. 2010.

[141] BRASIL. Nota Técnica 19/2010 – SIOPS/DESD/SE/MS. Ministério da Saúde; Secretaria Executiva. Aprovada na 55ª Câmara Técnica Avaliação e Orientação do SIOPS, em

Por um lado, dentre os Estados que indicaram cumprimento do investimento mínimo em saúde, "alguns incluíram gastos considerados alheios à saúde, tais como as despesas com inativos, com saneamento, habitação urbana, recursos hídricos, merenda escolar, programas de alimentação e hospitais de clientela fechada, para atingirem as metas de aplicação".[142] Por outro, na esfera da União, também há indícios de significativas divergências acerca do cálculo do investimento mínimo em saúde, um exemplo está no debate sobre o não cabimento da inclusão de gastos relativos ao Programa Bolsa Família e ao Fundo de Combate e Erradicação da Pobreza.[143]

Desse panorama o que se percebe é um esforço para não progredir no investimento em relação aos serviços de saúde. Essa constatação em nada prejudica a correta concepção que afirma haver uma relação do direito à saúde com outros direitos fundamentais e que as iniciativas governamentais devam buscar uma sinergia na construção das políticas públicas. A ação integrada e a busca de sinergia devem ser buscadas tanto nas iniciativas de saúde quanto nas iniciativas governamentais como um todo. E isso não serve como justificativa para mitigar a necessidade de esforços de investimento e de gestão, pelo contrário, serve tão somente para maximizar a eficácia das políticas públicas.

Dentro desse contexto de divergências sobre o critério do cálculo do mínimo a ser aplicado na saúde há a hipótese de que os dados sobre o cumprimento da Emenda Constitucional 29, também no nível municipal, não reflitam a realidade em toda a extensão representada pelos dados quantitativos. Nesse sentido, é possível ver um panorama ilustrativo e inicial em uma pesquisa que avalia a confiabilidade dos dados informados pelos municípios de Pernambuco, no SIOPS.[144]

---

06 abr. 2010. Disponível em <http://siops.datasus.gov.br/Documentacao%5CNT_19_2010_55.pdf>. Acesso em 24 Dez. 2010.

[142] BRASIL. Supremo Tribunal Federal. Ação Cautelar 1915. Relator: Cármen Lúcia. Decisão Monocrática. Julgamento 19 maio 2009. Publicação Dje 110 Divulgado em 15 Jun. 2009 e Publicado em 16 Jun. 2009. Disponível em <http://www.stf.jus.br/portal/diarioJustica/verDiarioProcesso.asp?numDj=110&dataPublicacaoDj=16/06/2009&incidente=2584276&codCapitulo=6&numMateria=89&codMateria=2>. Acesso em 25 Dez. 2010.

[143] BRASIL. Supremo Tribunal Federal. Ação Cautelar 1915.

[144] GONCALVES, Rogério Fabiano; BEZERRA, Adriana Falangola Benjamin; ESPÍRITO SANTO, Antônio Carlos Gomes do; et al . Confiabilidade dos dados relativos ao cumprimento da Emenda Constitucional nº. 29 declarados ao Sistema de Informações sobre Orçamentos Públicos em Saúde pelos municípios de Pernambuco, Brasil. *Cad. Saúde Pública*, Rio de Janeiro, v. 25, n. 12, dez. 2009. Disponível em <http://www.scielo.br/scielo.php?script=sci_

Alguns elementos da referida pesquisa são pontuados a seguir de forma resumida. O primeiro é o caráter declaratório das informações presentes no sistema. Quanto aos governos estaduais e ao distrital a equipe técnica do SIOPS faz a comparação dos dados com as informações publicadas em balanço. Essa comparação não é feita pela equipe com relação aos municípios, dado o grande número de unidades.[145] Em segundo lugar, parece que a situação anteriormente descrita, referente à Nota Técnica 19/2010, de falta de uniformidade no método de cálculo e de dissonância para com a resolução 322 do CNS, teve ocorrência em anos anteriores conforme síntese que faz de notas técnicas de 2006 e 2007.[146] Em terceiro lugar, a pesquisa encontra divergências quanto ao valor absoluto informado ao SIOPS em relação aos constantes dos demonstrativos contábeis da saúde auditados pelo TCE, apenas 7 de 492 registros não apresentam divergência. Com relação ao cumprimento da EC29 verifica-se um percentual de 20,5% em que há dissonância entre as informações.[147] A pesquisa também constata que o percentual de cumprimento encontrado no SIOPS é superior ao encontrado no TCE, embora não tenha havido diferença estatística significante entre as duas fontes de coleta.[148]

Por fim, é importante destacar a discussão existente no estudo no sentido de que:

---

arttext&pid=S0102-311X2009001200008&lng=en&nrm=iso>. Acesso em 29 nov. 2011. http://dx.doi.org/10.1590/S0102-311X2009001200008.

[145] Sistema de Informações sobre Orçamentos Públicos em Saúde. *A Implantação da EC 29: Apresentação dos dados do SIOPS, 2000 a 2003.* Disponível em<http://siops.datasus.gov.br/Documentacao/Implanta%C3%A7%C3%A3o_EC_29_dados_SIOPS.pdf>. Acesso em 06 dez. 2011. p.12.

[146] GONCALVES, Rogério Fabiano; BEZERRA, Adriana Falangola Benjamin; ESPÍRITO SANTO, Antônio Carlos Gomes do; *et al.* Confiabilidade dos dados relativos ao cumprimento da Emenda Constitucional n° 29 declarados ao Sistema de Informações sobre Orçamentos Públicos em Saúde pelos municípios de Pernambuco, Brasil. p.2617-2618. Nas referidas páginas há um rol dos itens nos quais há diversidade e inconformidade de critérios.

[147] A Lei Complementar 141 no artigo 40, parágrafo único, prevê que "constatadas divergências entre os dados disponibilizados pelo Poder Executivo e os obtidos pelos Tribunais de Contas em seus procedimentos de fiscalização, será dado ciência ao Poder Executivo e à direção local do SUS, para que sejam adotadas as medidas cabíveis, sem prejuízo das sanções previstas em lei".

[148] GONCALVES, Rogério Fabiano; BEZERRA, Adriana Falangola Benjamin; ESPÍRITO SANTO, Antônio Carlos Gomes do; *et al.* Confiabilidade dos dados relativos ao cumprimento da Emenda Constitucional n°. 29 declarados ao Sistema de Informações sobre Orçamentos Públicos em Saúde pelos municípios de Pernambuco, Brasil. p. 2615, 2617, 2618, 2619. Conforme explicação dos procedimentos metodológicos da pesquisa é realizada uma comparação entre os dados constantes do SIOPS e dos demonstrativos contábeis da saúde auditados pelo TCE, tendo em vista a existência de análise técnica por parte dos auditores os dados do TCE são considerados os que melhor se aproximavam do efetivo gasto na saúde. Consultar artigo para maiores detalhes.

O aumento das diferenças de cumprimento à lei entre as duas fontes de dados a partir de 2003 pode indicar que mudanças na normatização, como a homologação da Resolução nº 322 do CNS, tenham contribuído para este achado. Outra hipótese é que a exigência da EC29, relativa a percentuais progressivamente maiores, nos últimos anos, e de prévio conhecimento, a partir de 2004 – 15%, incrementou os recursos empregados em despesas não classificadas como gastos em saúde, a partir da ampliação ou diversificação das ações e serviços praticados, gerando, em alguns casos, distorções crescentes na aplicação dessas receitas.[149]

A segunda hipótese acima apontada apresenta um cenário no qual os recentes e grandes avanços no cumprimento dos percentuais por parte dos municípios podem estar superestimados, podem ser uma ilusão criada para fazer frente ao aumento das exigências. As notas técnicas que avaliaram os dados declarados pela esfera estadual mostraram que também naquela esfera ocorria esse tipo de manobra para superestimar os dados.

Aqui surge a oportunidade de tratar da hipótese de que em alguns pontos o novo marco regulatório traga pouca alteração no contexto da área. A Lei Complementar 141, no artigo 5º, *caput*, determina que a União aplique o valor empenhado no exercício financeiro anterior, acrescido de, no mínimo, o percentual correspondente à variação nominal do Produto Interno Bruto (PIB) ocorrida no ano anterior ao da lei orçamentária anual, o que não traz avanço em relação ao que já valia segundo o artigo 77, I, *b*, e § 4º do Ato das Disposições Constitucionais Transitórias (ADCT), o qual determinava a aplicação do valor apurado no ano anterior, corrigido pela variação do PIB, e em relação aos esclarecimentos da Segunda Diretriz da Resolução 322/2003.[150]

Também é interessante a constatação de que "o governo federal já cumpre o que estabelece o Projeto de Lei do Senado (PLS) nº 121/07 – aprovado por 70 votos contra um, sem abstenções".[151]

---

[149] GONCALVES, Rogério Fabiano; BEZERRA, Adriana Falangola Benjamin; ESPÍRITO SANTO, Antônio Carlos Gomes do; et al . Confiabilidade dos dados relativos ao cumprimento da Emenda Constitucional nº. 29 declarados ao Sistema de Informações sobre Orçamentos Públicos em Saúde pelos municípios de Pernambuco, Brasil. p. 2618-2619.

[150] BRASIL. Conselho Nacional de Saúde. Resolução 322, de 08 de maio de 2003. Disponível em: <http://conselho.saude.gov.br/resolucoes/2003/Reso322.doc>. Acesso em 08 dez. 2011. Os incisos I e II da Segunda Diretriz determinam o seguinte: "*I* – a expressão '*o valor apurado no ano anterior*', previsto no Art. 77, II, *b*, do ADCT, é o montante efetivamente empenhado pela União em ações e serviços públicos de saúde no ano imediatamente anterior, desde que garantido o mínimo assegurado pela Emenda Constitucional, para o ano anterior; *II* – em cada ano, até 2004, o valor apurado deverá ser corrigido pela variação nominal do Produto Interno Bruto – PIB do ano em que se elabora a proposta orçamentária (a ser identificada no ano em que se executa o orçamento)".

[151] BRASIL. Ministério da Saúde. Emenda 29. Senado aprova definição clara de recursos para a saúde. Data de Cadastro: 08 dez. 2011 às 11:55:26 alterado em 08 dez. 2011 às 12:18:42. Dis-

É possível perguntar se esse não foi fato decisivo para a aprovação. Olhando o projeto por este prisma, o de reconhecer apenas as metas já alcançadas, poderia sugerir que ao invés de se ter uma norma que busca alcançar um objetivo se tem uma que é mera descrição de um estado de fato, que apenas representa ratificação da situação atual. No que se refere à relação entre a União e os entes federados, dentro do problema da fuga da União das políticas sociais retratado no primeiro capítulo, vale citar a crítica segundo a qual

> a política deliberada do Governo Federal vem sendo a inclusão de dispositivos na Constituição para obrigar os entes federados a assumir certas políticas sociais, sem qualquer contrapartida e vinculando receitas, como nos casos do ensino fundamental (Emenda Constitucional n. 14, de 12 de setembro de 1996) e dos serviços públicos de saúde (Emenda Constitucional n. 29, de 13 de setembro de 2000).[152]

Desde que feita essa consideração ocorreram mudanças, por exemplo, a leitura geral da normativa produzida e em curso permite dizer que já há determinações suficientes a obrigar a União e a prestar a devida assistência técnica, apesar de a evolução da assistência financeira no nível administrativo parecer tímida. Mas é necessário considerar como um risco a permanência dessa tendência.

No mesmo sentido se pode considerar quanto aos patamares estabelecidos com relação a estados e municípios, 12 e 15% respectivamente.[153] Esses são os patamares que atualmente regem essas esferas. A eventual diferença estaria se, de alguma forma, forem superadas as manobras para superestimar os dados sobre o cumprimento dos percentuais, conforme discussão que anteriormente foi articulada. Quanto à demarcação dos itens incluídos e excluídos para o fim de apuração como ações e serviços públicos de saúde, já na Resolução 322, de 2003, do Conselho Nacional de Saúde (CNS) há definição de itens centrais, inclusive com poucas variações em relação à Lei Complementar 141, de 2012.[154] Também a consideração dos "recursos decorrentes da dívida ativa, da multa e dos juros de mora provenientes dos impostos e da sua respectiva dívida ativa"

---

ponível em<http://portalsaude.saude.gov.br/portalsaude/noticia/3624/162/senado-aprova-definicao-clara-%3Cbr%3Ede-recursos-para-a-saude.html>. Acesso 8 dez. 2011.

[152] BERCOVICI, Gilberto. *Desigualdades Regionais, Estado e Constituição*. p. 182-183.

[153] BRASIL. Presidência da República. Lei Complementar 141, de 13 de janeiro de 2012. Artigos 6° e 7°.

[154] BRASIL. Conselho Nacional de Saúde. Resolução 322, de 08 de maio de 2003. BRASIL. Presidência da República. Lei Complementar 141, de 13 de janeiro de 2012. Ver apêndice B.

para o cálculo do montante de recursos (artigo 10 da LC 141) já encontrava previsão na Resolução 322 do CNS.[155]

Esse cenário de poucas mudanças sugere haver poucas perspectivas de melhora para o nível municipal. Ainda que se leve em conta o problema antes citado dos dados superestimados, o que importa uma relativização (cabe observar que em princípio o problema atinge tanto a esfera municipal quanto a estadual), é possível ver abaixo (tabela 7) que os gastos em saúde na esfera municipal de 2000 a 2008 estão, ao longo de toda a série, acima dos gastos na esfera estadual.

Tabela 7 – despesas com ações e serviços públicos de saúde – segundo esfera de governo: 2000 a 2008 (em R$ milhares correntes) [156]

Ano	Federal	Estadual	Municipal
2000	20.351.492	6.313.436	7.370.539
2001	22.474.070	8.268.296	9.290.321
2002	24.736.843	10.278.420	12.029.372
2003	27.181.155	12.144.792	13.765.417
2004	32.703.495	16.028.249	16.408.719
2005	37.145.779	17.236.138	20.281.227
2006	40.750.155	19.798.770	23.555.008
2007	44.203.497	22.566.270	26.368.683
2008	50.270.290	27.926.885	32.267.633

A pesquisa que avalia a confiabilidade dos dados informados pelos municípios de Pernambuco, no SIOPS, anteriormente citada[157] aponta que:

---

[155] BRASIL. Conselho Nacional de Saúde. *Resolução 322*, de 08 de maio de 2003. Disponível em <http://conselho.saude.gov.br/resolucoes/2003/Reso322.doc>. Acesso em 08 dez. 2011. BRASIL. Presidência da República. Lei Complementar 141, de 13 de janeiro de 2012.

[156] Fonte: Ministério da Saúde/Secretaria-Executiva/Departamento de Economia da Saúde e Desenvolvimento de Informações sobre Orçamentos Públicos em Saúde – SIOPS (Gasto Estadual e Municipal); SPO/SE e Fundo Nacional de Saúde – FNS (Gasto Federal) e IBGE (PIB). Tabela elaboração própria. Atualizada em Janeiro de 2011. Disponível em <http://portal.saude.gov.br/portal/saude/profissional/visualizar_texto.cfm?idtxt=34796&janela=1>. Acessado em 26 jul. 2011. O formato foi adaptado. Em outro local o valor referente à esfera federal em 2008 é de "48.670.190", vide tabela 1 disponível em <http://siops.datasus.gov.br/Documentacao/VisGastosP%C3%BAblicosSa%C3%BAde.pdf>. Provavelmente essa diferença se dê em razão de atualização indicada na tabela disponibilizada na internet.

[157] GONCALVES, Rogério Fabiano; BEZERRA, Adriana Falangola Benjamin; ESPÍRITO SANTO, Antônio Carlos Gomes do; et al . Confiabilidade dos dados relativos ao cumprimento da Emenda Constitucional n°. 29 declarados ao Sistema de Informações sobre Orçamentos Públicos em Saúde pelos municípios de Pernambuco, Brasil. p. 2618.

O entendimento de que alguns municípios do estado disponibilizam, em média, percentuais da receita própria superiores ao mínimo exigido pela EC29 indica que a suplementação orçamentária para a saúde deve ter como foco o incremento da participação financeira da União, sobretudo pelo seu poder de aporte fiscal e centralização financeira do Ministério da Saúde, sendo esse o objeto essencial de regulamentação da Emenda.

Apesar de as regras metodológicas da Lei Complementar 141, de 2012, possibilitarem uma hipotética melhora, não foi possível vislumbrar um incremento significativo da participação financeira da União.

De outro lado, em termos de gestão e de financiamento também é importante apontar outras reclamações no nível municipal, apresentadas na audiência pública sobre saúde realizada no Supremo Tribunal Federal em 2009. A primeira delas é a de que "o financiamento tem sido burocratizado, tem sido feito de forma conservadora através de pagamento por procedimentos".[158] Afirma-se também que há uma descentralização inconsequente, "uma descentralização sem obediência aos requisitos que deveriam fundamentá-la, e que se convencionou chamar, inclusive, de prefeiturização; uma descentralização burocrática".[159] Inclusive "uma desresponsabilização importante dos entes estaduais e federal [e] uma sobrecarga muito grande nos municípios".[160]

Já no nível judicial pode-se contextualizar com determinações judiciais para que os gestores municipais providenciem exames e terapias especializadas que extrapolam a capacidade técnica e financeira do nível municipal. Exemplifica-se com os casos de determinações judiciais que, para um único usuário, acarretam o comprometimento do total das verbas destinadas a saúde em municípios de pequeno porte.[161]

Outra reclamação importante é a de que a responsabilidade solidária[162] recairia quase sempre sobre os municípios porque a pessoa mora no município e também de que a definição de integralidade deve ser realizada no sistema, e não em cada ente federado

---

[158] BATISTA JÚNIOR, Francisco. Audiência Pública Saúde. p. 5.

[159] Idem, p. 6.

[160] Idem, p. 6.

[161] NARDI, Antônio Carlos Figueiredo. Audiência Pública Saúde. *Responsabilidade dos Entes da Federação e Financiamento do SUS.* Supremo Tribunal Federal. 28 abr. 2009. Disponível em <http://www.stf.jus.br/arquivo/cms/processoAudienciaPublicaSaude/anexo/Sr._Antonio_Carlos_Figueiredo_Nardi__Presidente_do_Conselho_Nacional_de_Secretarios_Municipais_de_Saude_.pdf> Acesso em 07 set. 2010.

[162] Tema que será detidamente analisado no próximo capítulo.

individualmente e de que seria necessária uma gestão interfederativa compartilhada entre as três esferas de governo.[163]

Nesse sentido, a via da cooperação parece configurar o ponto mais positivo dessa lei complementar. Ela determina que a União preste cooperação técnica e financeira aos demais entes federados para modernização dos fundos de saúde. A cooperação técnica consiste na implementação de processos de educação na saúde, na transferência de tecnologia, na formulação e disponibilização de indicadores para a avaliação da qualidade das ações e serviços públicos de saúde. A financeira na entrega de bens ou valores e no financiamento.[164] O artigo 44 determina seja criado "programa permanente de educação na saúde para qualificar [a] atuação na formulação de estratégias e assegurar efetivo controle social da execução da política de saúde".[165]

Há exigência de que as prestações de contas sejam divulgadas, inclusive por meio eletrônico, e isso inclui a comprovação do cumprimento da lei complementar, o relatório de gestão do SUS, a avaliação do conselho de saúde competente (artigo 31). Igualmente prevê obrigatoriedade de escrituração contábil (artigo 32). Além de prever os papéis do Legislativo e dos Tribunais de Contas (artigo 38), trata de sistema informatizado (atual SIOPS ou outro a ser desenvolvido) com obrigatoriedade de registro e atualização permanente pelos entes federados, módulo específico para o trabalho do Tribunal de Contas competente, exigência de que os resultados do monitoramento e avaliação previstos sejam apresentados de forma objetiva e por meio de indicadores (artigo 39, I, V, e § 4º).[166]

Essas disposições, caso observadas e concretizadas, poderiam auxiliar a diminuir a incidência de problemas como os apresentados em algumas auditorias realizadas na Secretaria Estadual de Saúde do Rio Grande do Sul e disponibilizados via internet. Percebe-se graves exemplos de problemas no nível administrativo e de gestão, os quais são constatados nos períodos correspondentes. Cita-se a título de exemplo: ineficiência no controle da dispensação de medicamento; faltas intermitentes de medicamento; ausência de controle sobre a quantidade de medicamento em falta;[167] deficiência no con-

---

[163] NARDI, Antônio Carlos Figueiredo. Audiência Pública Saúde.

[164] Ver artigo 43 da LC 141/2012.

[165] BRASIL. Presidência da República. Lei Complementar 141, de 13 de janeiro de 2012.

[166] Idem.

[167] BRASIL. Ministério da Saúde. Número da auditoria: 3333. Síntese de Relatório.SNA – Sistema Nacional de Auditoria. DENASUS – Departamento Nacional de Auditoria do SUS.

trole de estoque;[168] ausência de farmacêuticos em Coordenadorias Regionais de Saúde (CRS) e em Unidades de Dispensação; falta de conhecimento do número de pacientes cadastrados ativos; análise dos processos para inclusão de pacientes centralizada em Porto Alegre; oferta insuficiente de consultas e exames complementares favorecendo "o acesso ao Programa por classes mais favorecidas"; descumprimento de Termo de Ajustamento de Conduta (início do tratamento entre 90 e 120 dias); ausência de reciclagem para os funcionários, aprendizado realizado em serviço.[169]

Pode-se citar também recente relatório de auditoria da política nacional de atenção oncológica realizada pelo Tribunal de Contas da União (TCU). São destacados, abaixo, alguns pontos desse relatório. Dentre as recomendações está, no âmbito gerencial, que o Ministério da Saúde adote

> medidas visando à efetividade do RHC [Registro Hospitalar de Câncer], que contemple o cálculo e a divulgação de indicadores nacionais de tempestividade dos atendimentos e de sobrevida dos pacientes, de forma a possibilitar o aperfeiçoamento das decisões gerenciais e o estímulo à melhoria contínua da prestação dos serviços oncológicos.[170]

Instituição auditada: SES do Rio Grande do Sul. Município/UF: Porto Alegre – RS. Demandante: Externa-MP-Federal. Período de execução: 14 nov. 2005 – 24 Fev. 2006. Período de abrangência: 14 nov. 2005 a 02 dez. 2005. Finalidade da auditoria: Verificar regularidade distribuição do fármaco Rivastigmina. Disponível em <http://sna.saude.gov.br/con_auditoria.cfm?aud=3333>. Acesso em 27 dez. 2010.

[168] BRASIL. Ministério da Saúde. Número da auditoria: 3331. Síntese de Relatório. SNA – Sistema Nacional de Auditoria. DENASUS – Departamento Nacional de Auditoria do SUS. Instituição auditada: SES do Rio Grande do Sul. Município/UF: Porto Alegre – RS. Demandante: Externa-MP-Federal. Período de execução: 21 nov. 2005 – 16 Abr. 2007. Período de abrangência: 21 nov. 2005 a 09 dez. 2005. Finalidade da auditoria: Verificar distribuição do Fármaco Interferon. Disponível em <http://sna.saude.gov.br/con_auditoria.cfm?aud=3331>. Acesso em 27 dez. 2010.

[169] BRASIL. Ministério da Saúde. Número da auditoria: 4100. Síntese de Relatório. SNA – Sistema Nacional de Auditoria. DENASUS – Departamento Nacional de Auditoria do SUS. Instituição auditada: SES do Rio Grande do Sul. Município/UF: Porto Alegre – RS. Demandante: Interna-DENASUS. Período de execução: 26 Jun. 2006 – 28 Jul. 2006. Período de abrangência: 2005 e 2006. Finalidade da auditoria: Cumprir a PT/GM 3916/98 – Med. Excepcion. Disponível em <http://sna.saude.gov.br/con_auditoria.cfm?aud=4100>. Acesso em 27 dez. 2010. Essa auditoria também constatou falta de medicamentos, medicamentos vencidos e controle de estoque ineficaz. Conforme apontado por VIEIRA, Fabiola Sulpino. Assistência farmacêutica no sistema público de saúde no Brasil. *Rev Panam Salud Publica*, Washington, v. 27, n. 2, fev. 2010. Disponível em <http://www.scielosp.org/scielo.php?script=sci_arttext&pid=S1020-49892010000200010&lng=en&nrm=iso>. Accesso em 01 fev. 2011. p. 155 se os serviços não estiverem funcionando de forma satisfatória, e isso inclui toda a dimensão de disponibilização e qualificação em recursos humanos, alocar mais recursos significará aumentar as perdas.

[170] BRASIL. Tribunal de Contas da União. *Relatório de Auditoria Operacional na Política Nacional de Atenção Oncológica*. TC nº 031.944/2010-8. Ministro Relator: José Jorge. Disponível em <http://portal2.tcu.gov.br/portal/page/portal/TCU/comunidades/programas_governo/

E também a

promoção da formação dos profissionais que atuam na assistência aos pacientes de câncer, desde a atenção primária até os níveis de alta complexidade, com o objetivo de sanar as principais carências profissionais existentes, contribuindo para que os diagnósticos de câncer possam ser realizados em estádios menos avançados da doença.[171]

É importante frisar igualmente que a auditoria constata *deficits* que impedem o atendimento tempestivo e equitativo dos pacientes.[172]

Nesse sentido, a lei complementar também prevê que, se verificar descumprimento, o Ministério da Saúde deve cientificar a direção local do SUS, o conselho de saúde correspondente, os órgãos de auditoria do SUS, o Ministério Público e os órgãos de controle interno e externo para a tomada das medidas cabíveis (artigo 39, § 5º) e também a possibilidade de suspensão das transferências voluntárias entre os entes federados (artigo 39, § 6º).[173]

Situações passadas mostram como é delicado o equilíbrio na fiscalização do cumprimento das regras referentes a investimentos em saúde. A questão relativa à regulamentação da aplicação dos

---

areas_atuacao/saude/Oncologia%20-%20relat%C3%B3rio%20-%20vers%C3%A3o%20final. pdf>. Acesso em 25 nov. 2011. p.3.

[171] Idem, ibidem.

[172] Pode-se destacar, por exemplo: "6. A partir do confronto do número de atendimentos realizados com as necessidades estimadas, constatou-se que a produção de 2010 cobriu apenas 65,9% da demanda por radioterapia. A insuficiência na oferta de serviços de radioterapia foram corroboradas pelas entrevistas realizadas durante os trabalhos de campo." (p. 2) "7. As atas das reuniões realizadas no Conselho Consultivo do Inca também expressaram as carências na rede de atenção oncológica em relação à radioterapia. Na ata da reunião de 13/4/2005 constou que mais de 100 mil pessoas não tinham acesso a tratamento em função do *déficit* de equipamentos. Passados quatro anos, a ata do Consinca de 15/4/2009 informou que ainda havia 90 mil pessoas sem acesso a tratamento de radioterapia." (p. 2) "68. Caso se considerasse os equipamentos privados que não prestam serviço para o SUS como também integrantes da rede, o *déficit* apurado pelo Inca reduzir-se-ia a 57 equipamentos de radioterapia. O levantamento aponta que as maiores carências de equipamentos de radioterapia da rede do SUS, em número de equipamentos, estão localizadas em São Paulo, Rio de Janeiro e Rio Grande do Sul. Em termos relativos, as carências mais significativas localizam-se nos estados de Amazonas, Espírito Santo, Goiás, Maranhão, Mato Grosso, Rio de Janeiro, Rio Grande do Sul, Rondônia e Tocantins, em que o *déficit* é igual ou superior a 50% das necessidades, além de Amapá e Roraima, onde não há serviços de radioterapia." (p. 21) "69. É importante assinalar que o *déficit* de equipamentos de radioterapia é ainda maior que o apontado, pois o Inca não deixou de computar os estabelecimentos que sofreram interrupção na prestação dos serviços. Somente em 2010, 23 estabelecimentos oncológicos, cujos equipamentos de radioterapia são contados na tabela do Inca, tiveram sua produção radioterápica descontinuada. Desses, seis não tiveram qualquer produção de radioterapia durante todo o ano." (p. 21). BRASIL. Tribunal de Contas da União. *Relatório de Auditoria Operacional na Política Nacional de Atenção Oncológica*. p. 2, 21.

[173] BRASIL. Presidência da República. Lei Complementar 141, de 13 de janeiro de 2012.

recursos mínimos apresenta um contexto conflitivo no nível da federação e também a forte tensão entre os Poder Executivo e Legislativo. A situação não ficará mais simples com as novas previsões. Nesse sentido apresenta-se a Medida Cautelar em Ação Direta de Inconstitucionalidade 2.894-4.[174] Nesse caso, apresenta-se como requerente o Governador do Estado de Rondônia, o qual demanda contra a Assembleia Legislativa do Estado de Rondônia, buscando o reconhecimento da inconstitucionalidade de lei estadual que prescreve o repasse mensal de valores aos municípios. A eficácia da lei é suspensa, e a decisão é tomada de forma unânime. Consta como principal fundamento da decisão o de que a lei complementar prevista no artigo 198 da Constituição Federal seria de competência da União e em segundo lugar apontam-se os sacrifícios que o cumprimento da lei acarretaria. O governador afirma a possibilidade de colapso, inviabilização das metas mínimas do plano plurianual e da lei de diretrizes orçamentárias, dentre outros problemas.

Outro caso a demonstrar conflitividade nas esferas federadas é apresentado pela Ação Cautelar 1.915[175] na qual há um embate entre a União e o Estado do Rio de Janeiro. Conforme relatado na decisão, em 2007, é deferida liminar requerida pelo Estado para suspender inscrição de inadimplência no Cadastro Único de Exigências para Transferências Voluntárias – CAUC –, em razão de divergências quanto ao método de cálculo do percentual mínimo de investimento em saúde. Todavia, ocorrem posteriores inscrições decorrentes do mesmo motivo e, conforme argumenta o Estado, decorreriam da não inclusão dos recursos destinados ao FUNDF (Fundo de Manutenção e Desenvolvimento do Ensino Fundamental e de Valorização do Magistério) na base de cálculo do investimento mínimo em saúde.

Nesse sentido, o Estado busca a extensão dos efeitos da liminar com relação às inscrições supervenientes e aponta que a inscrição impede repasses ao Estado e a celebração de operações de crédito,

---

[174] BRASIL. Supremo Tribunal Federal. *Medida Cautelar em Ação Direta de Inconstitucionalidade 2.894-4 Rondônia*. Tribunal Pleno. Relator: Sepúlveda Pertence. Acórdão. Julgamento 07 ago. 2003. Divulgação D.J. 17 out. 2003. Disponível em: <http://www.stf.jus.br/jurisprudencia/IT/frame.asp?PROCESSO=2894&CLASSE=ADI%2DMC&cod_classe=555&ORIGEM=IT&RECURSO=0&TIP_JULGAMENTO=M>. Acesso em: 25 dez. 2010.

[175] BRASIL. Supremo Tribunal Federal. *Ação Cautelar 1915*. Relator: Cármen Lúcia. Decisão Monocrática. Julgamento 19 maio 2009. Publicação Dje 110 Divulgado em 15 Jun 2009 e Publicado em 16 Jun. 2009. Disponível em <http://www.stf.jus.br/portal/diarioJustica/verDiarioProcesso.asp?numDj=110&dataPublicacaoDj=16/06/2009&incidente=2584276&codCapitulo=6&numMateria=89&codMateria=2>. Acesso em 25 dez. 2010.

prejudicando gravemente a continuidade de políticas públicas. O contexto conflitivo pode ser percebido do fato de a União fiscalizar e exigir do Estado a aplicação do mínimo constitucional e, de outro lado, do fato de o ente federado reclamar das dificuldades causadas pelas restrições e do comprometimento de sua autonomia.

A decisão aponta que não cabe, no exame cautelar e de extensão de liminar, verificar a correção da contabilidade governamental do Rio de Janeiro. Entretanto, decide por estender os efeitos da liminar porque o Estado não pode deixar de atender a serviços públicos essenciais. Entretanto, pondera que os Estados não podem deixar de aplicar o mínimo de 12%, devendo-se penalizar o gestor pelo descumprimento.

Basicamente, ao longo desse capítulo, a investigação a respeito do papel da emenda constitucional 29 como contributo para a cooperação interfederativa mostrou três níveis com diferentes lições. Na discussão sobre a contribuição para a saúde apreende-se que a disponibilidade jurídica e fática (dinheiro disponível para uso e posto nos planos orçamentários do estado) não significa efetiva destinação e efetivo uso para a finalidade estabelecida. No problema dos percentuais mínimos provisórios percebe-se como os objetivos gerais unitários têm potencial de gerar divergências quando submetidos a apreciação dos diferentes entes federados. Isso porque essas leituras podem ter por base diferentes concepções, diferentes métodos e alguma medida de manobra para não realizar mudanças substanciais e que pode formar números desconectados da realidade.

O terceiro nível é o da gestão e tanto os problemas apontados a título de exemplo quanto os novos parâmetros que se têm produzido apontam para a necessidade de enfrentar problemas como controle sobre tratamentos fornecidos, controle sobre número de pacientes, formação e manutenção de recursos humanos para o atendimento. Problemas em um nível tão básico afetam além do atendimento às pessoas, a qualidade e a integridade dos dados que, após, serão informados em sistemas de acompanhamento e aos órgãos de controle.

5. Jurisprudência sobre responsabilidade solidária e repartição de competências

solid ar, -ariedade, -ário, -arizar → SÓLIDO.

sólido *adj. sm.* "que tem consistência" "qualquer corpo que tem consistência, que não é oco, que não se deixa destruir facilmente" XVI. Do lat. *sŏlĭdus –a –um* || **solid** AR *vb.* "solidificar" "confirmar" 1813. Forma divergente erudita de SOLDAR, do lat. *sŏlĭdāre* || **solid** ARI· EDADE | 1888, *solidariedade* 1844 || **solid** ÁRIO 1844. Do fr. *solidaire* || **solid**AR· IZAR 1881|| **solid**EZ XVII || **solid**IFIC· AR 1858. Cp. SOLDAR.[176]

A pesquisa agora expõe outro enfoque da questão federativa da saúde, apresenta a leitura que é feita pelos tribunais quando demandas de saúde dos indivíduos chegam aos julgadores e a disputa de fundo é sobre quem deve responder por aquela necessidade ou pretensão que é negada pelo estado (pretensão resistida). Em um primeiro momento realiza-se uma revisão de outras pesquisas acerca desse tema. Algumas das questões centrais que se deve formular antes de iniciar a exposição são: (1) as pesquisas identificam tendências? (2) A leitura que fazem acerca da intervenção judicial nesses casos é negativa ou positiva? (3) Que leituras e sínteses fazem acerca dos sentidos das posições encontradas na jurisprudência? (4) O comportamento dos entes é compatível com a legislação? (5) Há vulnerabilidades que decorrem como tendência do próprio modelo adotado e que deveriam estar previstas e exigiriam um trabalho específico de enfrentamento? Essas perguntas não são exaustivas, mas auxiliam na introdução da investigação cujos resultados são apresentados a seguir.

---

[176] Verbetes presentes em: CUNHA, Antônio Geraldo da. *Dicionário Etimológico Nova Fronteira da Língua Portuguesa*. 2ª ed. Rio de Janeiro: Nova Fronteira, 1999. p. 733.

Nesse sentido, a investigação de Borges e de Ugá[177] identifica que a posição do Poder Judiciário no Rio de Janeiro, na primeira instância, é pró-responsabilidade solidária e, inclusive, identifica súmula do Tribunal de Justiça daquele estado cujo enunciado é também nesse sentido. Dessa constatação depreende que o Poder Judiciário não reconhece a descentralização.

Partindo da premissa de que o Tribunal de Justiça do Rio de Janeiro admite a tese da responsabilidade solidária, a pesquisa de Pepe, (et al.) faz uma série de inferências acerca desse entendimento. Inicia dizendo que significaria afirmar que as pactuações são válidas entre os entes federados corresponsáveis, mas não poderiam ser um entrave à população; seria "um tipo de interpretação legal que decorreria das competências e atribuições comuns dos entes federativos"[178] previstas tanto na constituição, quanto na Lei 8.080/90; seria um instrumento legal que aumenta a garantia do credor;[179] favoreceria o acesso rápido e efetivo sem impedir que o ente federado cobrasse do responsável por via administrativa ou judicial.[180]

Aponta também que, por um lado, não há lei federal para regular o tema e que isso, normalmente, é feito por meio de pactuações expressas por normas administrativas, e, por outro, que essas normas nem sempre são claras e que a regulamentação da assistência farmacêutica é bastante fragmentada.[181] Levando em conta esses aspectos, entende que:

> O cidadão ao ajuizar ação em face de mais de um réu e o TJ/RJ adotar a tese da solidariedade [...] pode indicar, respectivamente, uma estratégia de litigância e uma

---

[177] BORGES, Danielle da Costa Leite; UGÁ, Maria Alicia Dominguez. Conflitos e impasses da judicialização na obtenção de medicamentos: as decisões de 1ª instância nas ações individuais contra o Estado do Rio de Janeiro, Brasil, em 2005. *Cad. Saúde Pública*, Rio de Janeiro, v. 26, n. 1, jan. 2010. Disponível em <http://www.scielosp.org/scielo.php?script=sci_arttext&pid=S0102-311X2010000100007&lng=pt&nrm=iso>. Acesso 12 jul. 2010.

[178] PEPE, Vera Lúcia Edais; VENTURA, Miriam; SANT'ANA, João Maurício Brambati; *et al*. Caracterização de demandas judiciais de fornecimento de medicamentos "essenciais" no Estado do Rio de Janeiro, Brasil. *Cad. Saúde Pública*, Rio de Janeiro, v. 26, n. 3, mar. 2010. Disponível em <http://www.scielo.br/scielo.php?script=sci_arttext&pid=S0102-311X20100003 00004&lng=en&nrm=iso>. Acesso 12 jul. 2010. p. 466.

[179] Para mais detalhes além do texto citado, o qual está sendo relatado, conferir também p.36-37 de HOLAND, Luciana. A responsabilidade solidária dos entes da federação no fornecimento de medicamentos. *Direito e Justiça*. Porto Alegre. v.36, n.1, p.29-44, jan./jun.2010. Disponível em <http://revistaseletronicas.pucrs.br/ojs/index.php/fadir/article/viewFile/8857/6313>. Acesso em 05 ago. 2011.

[180] PEPE, Vera Lúcia Edais; VENTURA, Miriam; SANT'ANA, João Maurício Brambati; *et al*. Caracterização de demandas judiciais de fornecimento de medicamentos "essenciais" no Estado do Rio de Janeiro, Brasil. p. 466.

[181] Idem, p. 466-467.

política judicial, que visam aumentar a garantia do cidadão ao recebimento rápido do medicamento urgente pleiteado.[182]

Igualmente, há pesquisa envolvendo o Tribunal de Justiça do Estado de São Paulo, que identifica posição majoritariamente favorável à tese da responsabilidade solidária.[183]

Dentro das complexidades contextuais e da esfera administrativa também há que se levar em conta problemas análogos ao apontado por Messeder (*et al.*) que à época do estudo constata que:

> Nenhum município do Estado do Rio de Janeiro apresentou plano municipal de assistência farmacêutica ou contemplou a questão de forma explícita em seu plano municipal de saúde [também o de que há] superposição dos elencos públicos de financiamento de medicamentos pelas três esferas de governo, em que alguns itens são contemplados por todas as esferas enquanto outros itens da Relação Nacional de Medicamentos Essenciais (RENAME) são órfãos de mecanismo formal de provisão.[184]

Todavia, a provisão do medicamento não significa, por si só, que a população que dele necessita conseguirá ter acesso. É o que sugere um estudo sobre a disponibilidade de medicamentos es-

---

[182] Idem, p. 467. A pesquisa de Messeder, et. al entende, diversamente, que o ajuizamento de ações contra estado e município, indicaria a falta de esclarecimento da defensoria pública sobre competências visto que é o principal condutor das demandas dentro do universo investigado. MESSEDER, Ana Márcia; OSORIO-DE-CASTRO, Claudia Garcia Serpa; LUIZA, Vera Lucia. Mandados judiciais como ferramenta para garantia do acesso a medicamentos no setor público: a experiência do Estado do Rio de Janeiro, Brasil. *Cad. Saúde Pública*, Rio de Janeiro, v. 21, n. 2, abr. 2005. Disponível em<http://www.scielosp.org/scielo. php?script=sci_arttext&pid=S0102-311X2005000200019&lng=pt&nrm=iso>. Acesso 12 jul. 2010. p. 531. Fabiola Fanti, por outro lado aborda as duas posições, as quais colheu por meio de entrevista, e as apresentou como prováveis hipóteses para o fato de as demandas serem propostas "sem levar em conta o ente da federação responsável por realizar a 'dispensação'". FANTI, Fabíola. *Políticas de Saúde em Juízo:* um estudo sobre o município de São Paulo. Dissertação. São Paulo: Universidade de São Paulo, 2009. Disponível em:<http://www.teses. usp.br/teses/disponiveis/8/8131/tde-02032010-171419/publico/FABIOLA_FANTI.pdf>. Acesso 05 out. 2010. p. 43.

[183] FANTI, Fabíola. *Políticas de Saúde em Juízo:* um estudo sobre o município de São Paulo. p. 46.

[184] MESSEDER, Ana Márcia; OSORIO-DE-CASTRO, Claudia Garcia Serpa; LUIZA, Vera Lucia. Mandados judiciais como ferramenta para garantia do acesso a medicamentos no setor público: a experiência do Estado do Rio de Janeiro, Brasil. p. 532. Os autores citam como fonte para esta última constatação, a superposição: Luiza VL. *Acesso a medicamentos essenciais no Estado do Rio de Janeiro* [Tese de Doutorado]. Rio de Janeiro. Escola Nacional de Saúde Pública; 2003. No mesmo sentido: VIEIRA, Fabiola Sulpino. Assistência farmacêutica no sistema público de saúde no Brasil. *Rev Panam Salud Publica*, Washington, v. 27, n. 2, fev. 2010. Disponível em <http://www.scielosp.org/scielo.php?script=sci_arttext&pid=S1020-49892010000200010&lng=en&nrm=iso>. Acesso em 01 fev. 2011. p. 154. Aponta que "[...] há uma lacuna na oferta de medicamentos para atendimento à população nos serviços de média complexidade em saúde. Como existe uma indefinição sobre a responsabilidade de financiamento em relação a esses medicamentos, comumente nenhum gestor assume o compromisso com a oferta [...]".

senciais em duas regiões de Minas Gerais. Ele nos permite ter uma visão preliminar dos graves problemas administrativos que acometem nosso sistema de saúde, inclusive em conexão com a esfera privada. A pesquisa constata que a implantação do SUS e a consequente municipalização não foi acompanhada da articulação entre os níveis de gestão do sistema. Verifica também "a desorganização dos serviços públicos, filantrópicos e privados no que se refere à implementação do ciclo logístico da assistência farmacêutica".[185]

Após tecer considerações sobre o papel e a importância da seleção de medicamentos essenciais, sobretudo da RENAME, aponta como problemáticas a descontinuidade das políticas públicas e os períodos em que a Relação Nacional de Medicamentos Essenciais ficou sem revisão. Dentre as várias conclusões obtidas nessa pesquisa, algumas serão enumeradas de forma sucinta. Dentre elas, está a baixa disponibilidade de medicamentos essenciais no setor público, o que penaliza os indivíduos mais vulneráveis. De outro lado, a principal fonte de medicamentos essenciais é a farmácia comunitária privada (81,2%). Percebem-se altos percentuais de ausência de registros sobre os níveis de estoque dos medicamentos. A partir daí, aponta a conexão com a baixa eficiência na programação de estoques de medicamentos. Constata ausência de registros também nas unidades ambulatoriais privadas. Verifica concentração de medicamentos essenciais nos almoxarifados municipais. Pondera que são centros de distribuição, mas que também isso pode ser resultado de falhas na distribuição.[186]

Messeder (*et al.*), em sua pesquisa, verifica três grupos de medicamentos mais demandados: sistema nervoso, sistema cardiovascular e trato alimentar ou metabolismo, que "incluem medicamentos de uso contínuo, ou seja, para o tratamento de condições crônicas. De modo geral, várias dessas condições são tratáveis pelo elenco da atenção básica, o que pode indicar falta de acesso no município dos pleiteantes".[187] Nesse ponto, interessante é que extrai um exemplo de consequência indesejável: se o estado for condenado a entregar medicamento que compete ao município, terá de fornecer

---

[185] GUERRA Jr., Augusto Afonso; ACÚRCIO, Francisco de Assis; GOMES, Carlos Alberto Pereira; et. al. Disponibilidade de medicamentos essenciais em duas regiões de Minas Gerais, Brasil. *Rev Panam Salud Publica*. 2004; 15(3):168–75. Disponível em <http://www.scielosp.org/pdf/rpsp/v15n3/a05v15n3.pdf>. Acesso 06 out. 2010. p. 147.

[186] Idem, p. 169, 171, 173.

[187] MESSEDER, Ana Márcia; OSORIO-DE-CASTRO, Claudia Garcia Serpa; LUIZA, Vera Lucia. Mandados judiciais como ferramenta para garantia do acesso a medicamentos no setor público: a experiência do Estado do Rio de Janeiro, Brasil. p. 531. No mesmo sentido a pesquisa de PEPE, Vera Lúcia Edais *et al.*

para sempre o medicamento que não lhe competia. Confirmando a tese, indica que dos 16 medicamentos mais solicitados apenas 6 são medicamentos excepcionais. Dessa forma entende que "grande parte dos pleitos deveria estar sendo encaminhada para os municípios e não para o Estado [e que isso] também implicaria uma maior responsabilização das autoridades sanitárias dos municípios, intimadas a cumprir a lei".[188]

Outra discussão importante, e que fica como provocação para futuros debates e estudos focados, é a relativa aos municípios habilitados na modalidade de gestão intitulada de GPSM (Gestão Plena dos Serviços Municipais de Saúde) e que, portanto, estariam comprometidos a prestar atendimentos referentes a todos os níveis de complexidade (baixa, média e alta). Nesse sentido, aponta-se, no estudo de Messeder (*et al.*) anteriormente citado, que os 30,8% de pedidos de medicamentos sem mecanismos de previsão explícitos constatados na pesquisa deveriam ser financiados, nesses casos, pelos municípios. E, inclusive, aponta que, dentro desse universo, 88,3% são de municípios habilitados na gestão plena.[189]

Em pesquisa na qual são estudados "todos os processos movidos por cidadãos contra a Secretaria Municipal de Saúde de São Paulo"[190] em 2005, totalizando 170 ações, entende-se haver desconsideração da organização tripartite, consistente na aquisição, pelo município, de medicamentos da lista do estado; determinações judiciais em favor de cidadãos de outros municípios,[191] aquisição de medicamentos neoplásicos que possuem sistemática diversa. No mesmo sentido aponta uma investigação envolvendo o Estado do Espírito Santo. Essa pesquisa abrange a análise de 360 ações judiciais no período de janeiro a setembro de 2009 e aponta como

---

[188] Idem, ibidem.

[189] Idem.

[190] VIEIRA, Fabiola Sulpino; ZUCCHI, Paola. Distorções causadas pelas ações judiciais à política de medicamentos no Brasil. *Rev. Saúde Pública*, São Paulo, v. 41, n. 2, abr. 2007. Disponível em <http://www.scielosp.org/scielo.php?script=sci_arttext&pid=S0034-89102007000200000 7&lng=pt&nrm=iso>. Acesso em 12 jul. 2010.

[191] Relativo a esse aspecto: VIEIRA, Fabiola Sulpino. Assistência farmacêutica no sistema público de saúde no Brasil. *Rev Panam Salud Publica*, Washington, v. 27, n. 2, fev. 2010. Disponível em <http://www.scielosp.org/scielo.php?script=sci_arttext&pid=S1020-498920100 00200010&lng=en&nrm=iso>. Accesso em 01 fev. 2011. p. 155. "É imprescindível discutir um modelo de financiamento e organização da assistência farmacêutica que se oriente pela lógica de regionalização da atenção à saúde, pois se os pacientes de um município são referenciados para atendimento em determinada especialidade em outro município, o acesso aos medicamentos precisa também ser garantido conforme o acesso aos serviços de saúde. Isso implica em discutir mecanismos de financiamento fundamentados em fluxos assistenciais, e não apenas com base na população adstrita a determinado território".

problemática a condenação da Secretaria de Estado à aquisição de medicamentos da lista municipal e à aquisição de medicamentos oncológicos.[192]

A temática da responsabilidade dos entes federados também é apresentada como situada ao lado do embate acerca da imprescindibilidade da incorporação do medicamento no Consenso Terapêutico do Ministério da Saúde. A discussão sobre qual esfera deverá fornecer o medicamento "[protelaria] em muito o debate de mérito acerca do fornecimento de medicamentos",[193] "provocando maior lentidão no Poder Judiciário, desgaste para o Poder Executivo e insegurança para o jurisdicionado".[194] Inclusive recente caso noticiado na imprensa parece ser um exemplo desse aspecto. O caso diz respeito à morte de um menino de 14 anos devido ao fato de os governos federal, estadual e municipal não terem cumprido decisão judicial que determinava o fornecimento de um balão de oxigênio que custaria R$ 520 por mês. Nesse caso, destaca-se a procrastinação e o fato de que "União, o Estado e o município do Rio de Janeiro levaram seis meses empurrando a responsabilidade um para o outro".[195]

No caso acima apresentado, o debate sobre a responsabilidade aparece como prolongamento do debate sobre o mérito do tratamento solicitado. Diante dos fatos ocorridos, como hipótese, um cenário mais desejável teria sido o do cumprimento por parte do Estado (qualquer das esferas) e o posterior debate administrativo ou judicial entre os entes federados para reequacionar as responsabilidades. Se nesse contexto não é possível conceber que os entes consigam negociar uma solução de equilíbrio das responsabilidades, frente às normas que regem suas próprias inter-relações, como esperar que isso acontecesse no momento da formulação e execu-

---

[192] TAVARES, Geruza Rios Pessanha; SILVA, Daniela de Mello; BARCELOS, Patrícia Campanha, et.al. Diagnóstico das Ações Judiciais Direcionadas à Secretaria de Estado da Saúde do Espírito Santo. *Consad*: III Congresso Consad de Gestão Pública. 2009. Disponível em: <http://www.consad.org.br/sites/1500/1504/00001858.pdf>. Acesso em 20 dez. 2010. p. 17 e 27.

[193] SCHEFFER, Mário; SALAZAR, Andrea Lazzarini; GROU, Karina Bozola. *O Remédio Via Justiça*: um estudo sobre acesso a novos medicamentos e exames em HIV/Aids no Brasil por meio de ações judiciais. Distrito Federal: Ministério da Saúde/ Secretaria de Vigilância em Saúde/ Programa Nacional de DST e Aids. 2005. (Série Legislação nº 3.). Disponível em <http://www.saberviver.org.br/pdf/remedio_via_justica.pdf>. Acesso 20 Dez. 2010. p. 114.

[194] Idem, p. 115.

[195] ÉPOCA. R$ 520,00 por uma vida (trecho). *Saúde e Bem Estar*. 11/09/2010 – 00:00 – Atualizado em 11/09/2010 – 09:40. Disponível em <http://revistaepoca.globo.com/Revista/Epoca/0,,EMI170446-15257,00.html>. Acesso em 07 fev. 2011.

ção das políticas públicas? Por mais que se esteja em um contexto de litígio, vale lembrar que, a princípio, a disputa judicial é entre o cidadão e o Estado, e não das esferas estatais entre si. Será esse mais um sinal indicativo de que o dever de cooperação entre os entes, de fato, não é observado?

Feita essa revisão de investigações já realizadas, o presente trabalho pauta os resultados de uma pesquisa sobre a jurisprudência relativa ao tema estudado. É realizada uma análise das diversas posições encontradas a respeito da responsabilidade solidária e da repartição de competências. Primeiramente, é desenvolvido um estudo sobre a posição do Supremo Tribunal Federal (STF) e posteriormente de diversas posições particulares.

Essa etapa inicial parte de um levantamento quantitativo de decisões relativas ao direito à saúde no Supremo Tribunal Federal (STF) durante o ano de 2009 e até agosto de 2010 com o objetivo de verificar a posição da corte quanto à questão da responsabilidade dos entes federados. Para as decisões que enfrentam diretamente o tema as opções possíveis de classificação são: 1. Posição Pró-Responsabilidade Solidária; 2. Posição Pró-Repartição de Competências; 3. Posição Intermediária. Entendida como posição intermediária a decisão que se posiciona no sentido de observar a repartição de competências estabelecidas entre os entes da federação ou até mesmo de aceitar a tese da responsabilidade solidária, entretanto, com alguma reserva, alguma exceção ou com alguma abertura. Caso a decisão não aborde a temática da responsabilidade, a opção possível é "não aborda".

Adotando-se esses parâmetros de classificação e procedida à coleta de dados com base neles, verifica-se que a maioria das decisões não enfrenta diretamente o tema, mas que a totalidade das decisões que o abordam se posiciona favoravelmente à tese da responsabilidade solidária dos entes da federação, conforme tabela abaixo.

Tabela 8 – responsabilidade dos entes federados[196]

Responsabilidade dos Entes Federados	Frequência
Não Aborda	210
Posição Pró-Responsabilidade Solidária	22
Total geral	232

---

[196] Pesquisa Observatório.

Em que pese o fato de a maioria das decisões não enfrentar diretamente o tema, percebe-se que, de 2009 para 2010, há significativo aumento da frequência de enfretamentos da temática. Uma das possíveis conexões a fazer é a de que a audiência pública sobre saúde realizada em 2009 tenha despertado a preocupação e a necessidade de os julgadores enfrentarem explicitamente a temática. Na tabela abaixo, percebe-se incremento da frequência que supera o dobro em relação a 2009.

Tabela 9 – posição pró-responsabilidade solidária[197]

Posição Pró-Responsabilidade Solidária	
2009	7
2010	15
Total geral	22

Como elemento de apoio a essa evidência, há também o recente julgamento referente ao agravo regimental na suspensão de Tutela Antecipada 175 (de 2010) ,[198] no qual se adota posição pró-responsabilidade solidária. Nele há apreciação pelo tribunal pleno, portanto, o julgamento reflete a posição do órgão julgador como um todo. Entretanto, como se percebe da leitura da decisão, é preciso observar o fato de que na suspensão não existe amplo exame do mérito e de que a análise é restrita ao caso concreto.

É necessário ponderar também que em 2007 há uma considerável oscilação na jurisprudência existente no STF, especialmente em decisões cuja relatora é a Ministra Ellen Gracie. Toma-se, por exemplo, a suspensão de tutela antecipada 138 e a suspensão de segurança 3.205 em relação à suspensão de tutela antecipada 91. As duas primeiras seguem uma lógica tendencialmente favorável à tese da responsabilidade solidária, já a última segue uma posição pró-repartição de competências. Em que pesem as diferenças dos casos concretos e das configurações processuais específicas,[199] deve-se levar em conta que entre as posições adotadas existe um nível considerável de contradição.

---

[197] Pesquisa Observatório.

[198] BRASIL. Supremo Tribunal Federal. Acórdão. Agravo Regimental na Suspensão de Tutela Antecipada 175 Ceará. Tribunal Pleno. Relator: Gilmar Mendes. Julgado em 17 mar. 2010. Dje 76. Divulgação 29 abr. 2010. Publicação 30 abr. 2010. Disponível em <http://redir.stf.jus.br/paginador/paginador.jsp?docTP=AC&docID=610255>. Acesso em 03 nov. 2010.

[199] Esses elementos serão analisados posteriormente quando a pesquisa se debruçar sobre o problema das "configurações e consequências processuais".

Atualmente, encontra-se sobrestada a proposta de Súmula Vinculante 4, a qual busca firmar precedente vinculante sobre o tema, até o julgamento do Recurso Extraordinário 566.471.[200] Com relação a esse recurso extraordinário, especificamente, participam do processo como terceiros interessados 20 estados-membros da federação e também o Distrito Federal e a União, o que indica a relevância e o interesse das esferas federadas no julgamento. O aspecto mais interessante é que esse recurso chega ao STF também em 2007 e, nesse mesmo ano, tem sua repercussão geral reconhecida, por unanimidade de votos, pelo tribunal.[201] Dessa forma, há um percurso inicial de oscilação da jurisprudência quanto ao tema da responsabilidade dos entes federados e que passa pela audiência pública sobre saúde, que inclusive teve um dia específico de discussões dedicado ao tema.[202]

No levantamento quantitativo de decisões também se percebe que, dos julgados que se posicionaram sobre o tema, 9 tratam de decisões referentes a agravos de instrumento; 11 de decisões referentes a pedidos de suspensão; 1 referente à ação cautelar e somente 1 referente a recurso extraordinário, contudo, com relação a esses últimos itens, ambos os julgamentos foram monocráticos e quanto ao recurso extraordinário negou-se seguimento a ele mediante o reconhecimento de que a ofensa à constituição seria indireta.

Tabela 10 – posição pró-responsabilidade solidária e peculiaridades processuais[203]

Posição Pró-Responsabilidade Solidária	
Pedidos de Suspensão	11
Agravos de Instrumento	9
Ação Cautelar (Dec. Monocrática)	1
Recurso Extraordinário (Dec. Monocrática/Ofensa Indireta)	1
Total geral	22

---

[200] Informação obtida no *site* do Supremo Tribunal Federal. Disponível em<http://www.stf.jus.br/portal/processo/verProcessoAndamento.asp>. Acesso 23 Ago. 2013.

[201] Informações obtidas mediante consulta ao *site* do Supremo Tribunal Federal. Disponível em <http://www.stf.jus.br/portal/processo/verProcessoAndamento.asp>. Acesso 23 Ago. 2013.

[202] Pronunciamentos realizados na audiência pública sobre saúde do Supremo Tribunal Federal realizados no dia 28 abril de 2009 e que tratavam do tema "Responsabilidade dos Entes da Federação e Financiamento do SUS".

[203] Pesquisa Observatório.

Esse contexto nos remete a certa visão de instabilidade, parece haver uma posição bem precária quanto ao tema, os precedentes deixados pela corte criam um vínculo facilmente contornável em termos de fundamentação, permitindo fácil mudança de posição. Conforme já apontado, os julgamentos relativos a pedidos de suspensão são restritos aos elementos do caso concreto; os julgamentos de agravos de instrumento, de regra, restringem-se a buscar que um recurso seja admitido para apreciação no STF; as ações cautelares normalmente fundamentam-se em algum perigo específico de perecimento do bem jurídico em questão. Portanto, o julgamento possui parâmetros e alcance muito bem delimitados.

Esses aspectos, em conjunto, podem ser reveladores de eventuais dúvidas e dificuldades da corte no enfrentamento dessa temática realmente complexa. A seguir, serão analisados diversos posicionamentos existentes na jurisprudência, levando-se em conta não somente julgados do STF, mas também do Superior Tribunal de Justiça (STJ), do Tribunal Regional Federal da 4ª Região (TRF4) e do Tribunal de Justiça do Estado do Rio Grande do Sul (TJRS).

Neste tópico, são apresentados os elementos centrais da posição que fundamenta no sentido de que há responsabilidade solidária entre os entes da federação perante aqueles que postulam judicialmente prestações de saúde. De acordo com esse parâmetro, "o jurisdicionado, o paciente que precisa de medicamentos pode requerer esse medicamento necessário de um dos entes públicos, Município, Estado ou União Federal, ou de todos eles juntos".[204] A responsabilidade solidária decorreria da competência comum prevista no artigo 23, inciso II, da Constituição Federal. O sentido da descentralização dos serviços e dos recursos financeiros (art. 198, inciso I, da CF) seria o objetivo de melhorar a qualidade e o acesso aos serviços.[205]

---

[204] ORDACGY, André da Silva. Audiência Pública Saúde. *Responsabilidade dos Entes da Federação e Financiamento do SUS*. Supremo Tribunal Federal. 28 abr. 2009. Disponível em <http://www.stf.jus.br/arquivo/cms/processoAudienciaPublicaSaude/anexo/Sr._Andre_da_Silva_Ordacgy__Defensor_Publico_da_Uniao_.pdf>. Acesso em 14 set. 2010. p. 5-6. Nesse sentido, também a título de ilustração e de atualização, decisão do STF. Acórdão. Agravo Regimental no Recurso Extraordinário com Agravo. *ARE 743232 AgR/ RJ – Rio de Janeiro*. Relatora: Rosa Weber. DJe-177 Divulg. 09 Set. 2013 Public. 10. Set. 2013. Saliena que a jurisprudência da corte fimou-se favoravelmente à tese da responsabilidade solidária. Igualmente, Acórdão. Agravo Regimental no Recurso Extraordinário. RE 716777 AgR / RS – Rio Grande do Sul. Relator: Celso de Mello. DJe-091 Divulg. 15 Maio 2013 Public. 16 Maio 2013.

[205] BRASIL. Supremo Tribunal Federal. Decisões da Presidência. Supensão de Tutela Antecipada. STA 348 / AL – Alagoas. Relator: Gilmar Mendes. DJe-227 Divulg. 02 dez. 2009 Public. 03 dez. 2009. BRASIL. Supremo Tribunal Federal. Decisões da Presidência. Suspensão de segurança. *SS 3854 / MG – Minas Gerais*. Divulg. 15 dez. 2009 Public. 16 dez. 2009. Relator: Gilmar Mendes. DJe- 235. No mesmo sentido: BRASIL. Supremo Tribunal Federal. Decisões da Presidência. Suspensão de segurança. SS 3751. Relator: Gilmar Mendes. DJe- 077 Divulg.

Pode-se dizer também que o próprio art. 196 da CF estabeleceria uma obrigação para o Estado em sua acepção genérica, abrangendo todos os entes federados.[206] A repartição de responsabilidades não seria oponível aos cidadãos e às pessoas. A distribuição de atribuições seria meramente administrativa, não podendo limitar o acesso ao direito fundamental à saúde[207] ou, expressando de outra forma, o indivíduo não deveria ficar preso e impossibilitado "num cipoal de normas legais e infralegais" que definem a competência, além do mais, a repartição de competências nem sempre seria muito clara.[208] Tais elementos também poderiam estar articulados com outra constatação: a de que o jurisdicionado, o paciente está numa posição de fragilidade e, além disso, acometido de uma enfermidade.[209]

Em síntese, essa tese busca privilegiar a posição da pessoa que demanda judicialmente a prestação de saúde. Possíveis fragilidades dessa tese e aspectos não compreendidos por ela são reveladas na próxima posição a ser apresentada.

---

27 abr. 2009 Public. 28 abr. 2009. BRASIL. Supremo Tribunal Federal. Decisões da Presidência. Suspensão de segurança. *SS 3741*. Relator: Gilmar Mendes. DJe- 102 Divulg. 02 jun. 2009 Public. 03 jun. 2009.

[206] Assim fundamentou o Ministro José Delgado defendendo posição que não prevaleceu na decisão. A decisão foi pró-repartição de competências e excluiu a União do processo. BRASIL. Superior Tribunal de Justiça. Acórdão. Recurso Especial n. 873196 / RS 2006/0166974-9. Primeira Turma. Relator p. acórdão: Teori Albino Zavascki. Julgado em 03 maio. 2007. Publicado no DJe em 24 maio 2007. p. 328 . Disponível em: <https://ww2.stj.jus.br/revistaeletronica/Abre_Documento.asp?sSeq=678413&sReg=200601669749&sData=20070524&formato=PDF>. Acesso em 14 out. 2010. Tribunal Regional Federal da 4ª Região. Acórdão. Apelação/Reexame Necessário n. 2004.72.01.004841-8/SC. Terceira Turma. Relator: Maria Lúcia Luz Leiria. Julgado em 29 set. 2009. Publicado no Diário de Justiça em 15 out. 2009. Disponível em: <http://www.trf4.jus.br/trf4/jurisjud/inteiro_teor.php?orgao=1&documento=3010914>. Acesso em 07 jun. 2010. No mesmo sentido das posições anteriores e afirmando que a responsabilidade solidária decorreria dos artigos 196 e 198, §1° da CF consta: BRASIL. Superior Tribunal de Justiça. Acórdão. Recurso Especial n. 773657 / RS (2005/0134491-7). Primeira Turma. Relator: Francisco Falcão. Julgado em 08 nov. 2005. Publicado no DJ em 19 dez. 2005, p268. Disponível em: <https://ww2.stj.jus.br/revistaeletronica/Abre_Documento.asp?sSeq=592661&sReg=20 0501344917&sData=2 0051219&formato=PDF>. Acesso em 15 out. 2010.

[207] RIO GRANDE DO SUL. Tribunal de Justiça do Estado do Rio Grande do Sul. Acórdão. Embargos Infringentes n. 70033253071. Décimo Primeiro Grupo Cível. Relator: Francisco José Moesch. Julgado em 18 dez. 2009. Publicado no Diário de Justiça em 30 dez. 2009. Disponível em: <http://www3.tjrs.jus.br/site_php/consulta/download/exibe_documento_att.php?an o=2009&codigo=2220639>. Acesso em 07 jun. 2010. Fabíola Fanti apresenta, com relação ao Tribunal de Justiça do Estado de São Paulo, posição bastante similar. FANTI, Fabíola. *Políticas de Saúde em Juízo:* um estudo sobre o município de São Paulo. p. 45-46.

[208] Na decisão há consideração desse elemento, embora não seja favorável, de forma irrestrita, à responsabilidade solidária. Tribunal Regional Federal da 4ª Região. Acórdão. Agravo de instrumento 2009.04.00.010742-9/SC. Terceira Turma. Relator: João Pedro Gebran Neto. Julgado em 27 out. 2009. Publicado no Diário de Justiça em 19 nov. 2009. Disponível em:<http://gedpro.trf4.gov.br/visualizarDocumentosInternet.asp?codigoDocumento=309 5742>. Acesso em 07 jun. 2010.

[209] ORDACGY, André da Silva. Audiência Pública Saúde. p. 5-6.

Os elementos argumentativos centrais relativos à posição pró-repartição de competências são elencados, de forma sintetizada, a seguir. Segundo essa posição, não deveria ser uma escolha da parte ou de seu procurador a questão a respeito de quem[210] e onde demandar judicialmente, pensar diferente permitiria múltiplos pedidos em órgãos do Poder Judiciário – podendo ocorrer o andamento de mais de um processo e inclusive a concessão de duplo benefício nos órgãos do Judiciário.[211] Argumenta-se também que, no nível administrativo, resultaria, muitas vezes, o tríplice cumprimento do comando judicial e que a condenação simultânea dos entes federados tumultuaria em vez de apressar o implemento da ordem, em razão da exiguidade dos prazos, que atrapalharia a articulação entre os entes federados.[212]

Seria compreensível que se exigisse a prestação material de quem, ao menos em tese, estaria institucionalmente obrigado;[213] o fornecimento de medicamentos não constantes das listas de medicamentos comprometeria o cumprimento da política pública; o atendimento a situações individualizadas diminuiria a possibilidade de atendimento básico ao restante da coletividade.[214]

---

[210] Em sentido oposto a pesquisa de Fabíola Fanti identifica jurisprudência do Tribunal de Justiça do Estado de São Paulo que afirma "ser possível ao autor da ação escolher contra qual ente da federação ele deseja propor ação para o fornecimento de medicamentos, não importando quais as atribuições de cada um deles na Assistência Farmacêutica do SUS". FANTI, Fabíola. *Políticas de Saúde em Juízo*: um estudo sobre o município de São Paulo. p. 45.

[211] A decisão também não se posiciona pró-repartição de competências de forma irrestrita. Tribunal Regional Federal da 4ª Região. Acórdão. *Agravo de instrumento 2009.04.00.010742-9/ SC*. Terceira Turma. Relator: João Pedro Gebran Neto. Julgado em 27 out. 2009. Publicado no Diário de Justiça em 19 nov. 2009. Disponível em: <http://gedpro.trf4.gov.br/visualizarDocumentosInternet.asp?codigoDocumento=3095742>. Acesso em 07 jun. 2010.

[212] SILVA, Edelberto Luiz da. Audiência Pública Saúde. *Responsabilidade dos Entes da Federação e Financiamento do SUS*. Supremo Tribunal Federal. 28 abr. 2009. Disponível em <http://www.stf.jus.br/arquivo/cms/processoAudienciaPublicaSaude/anexo/Exposicao_Dr._Edelberto.pdf>. Acesso 09 set. 2010.p.4. Argumenta-se também, no âmbito da União, que esta não dispõe de rede assistencial ramificada e que as ordens judiciais devem ser cumpridas diretamente em Brasília de forma improvisada. Como obstáculos somam-se à imprevisibilidade das decisões, o que impede a formação de estoques, a distância entre o domicílio do paciente e a capital federal (a qual deve ser vencida por transporte contratado por via aérea ou terrestre) e a necessidade de observância das formalidades de compra, o que levaria ao dispêndio de um tempo que poderia ser fatal ao paciente. Soma-se a isso o dispêndio direto de cerca de R$ 600,00 por prestação jurisdicional (p.5).

[213] A decisão também não se posiciona pró-repartição de competências de forma irrestrita. Tribunal Regional Federal da 4ª Região. Acórdão. Agravo de instrumento 2009.04.00.010742-9/SC. Terceira Turma. Relator: João Pedro Gebran Neto. Julgado em 27 out. 2009. Publicado no Diário de Justiça em 19 nov. 2009. Disponível em: <http://gedpro.trf4.gov.br/visualizar-DocumentosInternet.asp?codigoDocumento=3095742>. Acesso em 07 jun. 2010.

[214] Versão sumária de argumentos apresentados na STA 91, o caso será analisado de forma mais detalhada no tópico "configurações e consequências processuais". Cabe o alerta de que na decisão a configuração processual parece ter influenciado fortemente. BRASIL.

No que diz respeito à União, com referência à assistência farmacêutica direta, caberia apenas o repasse de recursos financeiros, ficando a aquisição e a dispensação a cargo dos demais entes, por isso não seria legitimada passiva (deveria ser excluída do processo judicial), levando em conta também que a repartição de competências seria condição essencial de qualquer sistema, não apenas para evitar sobreposições, mas também como forma de garantir, da melhor maneira possível, o acesso universal e igualitário aos serviços de saúde.[215] Entretanto, mesmo que se aceite essa premissa, o pronunciamento do próprio representante do Ministério da Saúde na audiência pública sobre saúde, permite ver também a possibilidade de que, caso haja procedência do pedido, a responsabilidade da União seja limitada ao financiamento.[216]

Outro elemento argumentativo é o de que a parte deveria, antes de ir ao Judiciário, ter buscado diretamente do órgão competente do SUS a prestação material pretendida. A partir da recusa seria possível identificar quem demandar.[217] Quanto a esse último tópico, é necessário observar que tal postura seria plenamente correta se houvesse garantia de que sempre a administração forneceria comprovante escrito sobre a negativa de atendimento do pedido, mas tal garantia não existe. Caso se fizesse tal exigência, ficaria dificultado o acesso para apreciação judicial daquele que não conseguiu que a administração fornecesse prova da negativa de atendimento do pedido. Também os períodos de espera pelo atendimento e até mesmo de demora para o pronunciamento acerca de pleitos admi-

---

Supremo Tribunal Federal. Decisões da Presidência. Suspensão de Tutela Antecipada. STA 91/AL – ALAGOAS. Relator: Ellen Gracie. DJ 05 mar. 2007. p. 23 RDDP n. 50, 2007, p. 165-167. Disponível em: <http://www.stf.jus.br/portal/jurisprudencia/listarJurisprudencia. asp?s1=%28STA$.SCLA.%20E%2091.NUME.%29&base=basePresidencia>. Acesso em 13 out. 2010.

[215] Nesse sentido decidiu o STJ no seguinte precedente: BRASIL. Superior Tribunal de Justiça. Acórdão. *Recurso Especial n. 873196 / RS 2006/0166974-9*. Primeira Turma. Relator p. acórdão: Teori Albino Zavascki. Julgado em 03 maio. 2007. Publicado no DJe em 24 maio 2007. p. 328. Disponível em: <https://ww2.stj.jus.br/revistaeletronica/Abre_Documento.asp?sSeq=67 8413&sReg=200601669749&sData=20070524&formato=PDF>. Acesso em 14 out. 2010. Mas cabe o alerta de que na situação excepcional, por exemplo, dos programas estratégicos esse critério pode não funcionar (nesses casos os medicamentos têm a aquisição centralizada pelo Ministério da Saúde e são repassados para os Estados, os quais têm a responsabilidade de fazer o armazenamento e distribuição aos municípios). MINISTÉRIO DA SAÚDE. *Programas Estratégicos*. Disponível em <http://portal.saude.gov.br/portal/saude/visualizar_texto. cfm?idtxt=25311>. Acessado em 21 Abr. 2010.

[216] SILVA, Edelberto Luiz da. Audiência Pública Saúde. p. 6.

[217] Tribunal Regional Federal da 4ª Região. Acórdão. Agravo de instrumento 2009.04.00.010742-9/SC.

nistrativos devem ser considerados como um possível obstáculo a obtenção de um claro posicionamento da administração pública.

Essa tese tende a favorecer a posição do sistema público de saúde, focando no aspecto de que se estaria buscando garantir o atendimento da população em geral, todavia, percebe-se que algumas decisões tendem a buscar fórmulas gerais a serem aplicadas a todas as demandas judiciais e isso pode criar distorções consideráveis, como a de tornar invisível o pleito daquele que não consegue obter prova da negativa de atendimento pela administração pública e a possibilidade de desconexão entre os critérios argumentativos das decisões judiciais e os critérios de repartição de competências estabelecidos nas políticas públicas.

Algumas decisões posicionam-se no sentido de observar a repartição de competências estabelecidas entre os entes da federação ou até mesmo de aceitar a tese da responsabilidade solidária, entretanto com alguma reserva, com alguma exceção ou alguma abertura. Na Apelação Cível 70025138892,[218] entende-se que seria equivocado impor ao estado a entrega de medicamento que não seria de sua competência.[219] A demanda é proposta contra estado e município. A particularidade do caso reside no fato de que, quanto aos medicamentos que não constam de nenhuma das listas, determina a produção de mais provas para apurar a gravidade da doença, a eficácia do tratamento ministrado e a possibilidade de substituição por medicamentos da rede pública.

Há posição[220] na qual se aceita a tese da responsabilidade solidária somente quanto aos medicamentos contemplados nos Proto-

---

[218] RIO GRANDE DO SUL. Tribunal de Justiça do Estado do Rio Grande do Sul. Acórdão. Apelação Cível n. 70025138892. Quarta Câmara Cível. Relator: Alexandre Mussoi Moreira. Julgado em 11 mar. 2009. Publicado no Diário de Justiça em 31 mar. 2009. Disponível em: <http://www3.tjrs.jus.br/site_php/consulta/download/exibe_documento_att.php?ano=2 009&codigo=245603>. Acesso em 07 jun. 2010.

[219] O sentido dessa jurisprudência parece ser complementado pela decisão relativa ao Agravo de Instrumento 2009.04.00.010742-9 quando fundamenta que responsabilidade seja aferida de acordo com o medicamento solicitado, nesse caso o responsável seria aquele encarregado pela aquisição e dispensação de acordo com a respectiva lista. Tribunal Regional Federal da 4ª Região. Acórdão. Agravo de Instrumento 2009.04.00.010742-9/SC. Terceira Turma. Relator: João Pedro Gebran Neto. Julgado em 27 out. 2009. Publicado no Diário de Justiça em 19 nov. 2009. Disponível em:<http://gedpro.trf4.gov.br/visualizarDocumentosInternet.asp?co digoDocumento=3095742>. Acesso em 07 jun. 2010.

[220] Conforme o voto, em parte vencido, da Desembargadora Mara Larsen Chechi. RIO GRANDE DO SUL. Tribunal de Justiça do Estado do Rio Grande do Sul. Acórdão. Embargos Infringentes n. 70033253071. Décimo Primeiro Grupo Cível. Relator: Francisco José Moesch. Julgado em 18 dez. 2009. Publicado no Diário de Justiça em 30 dez. 2009. Disponível em: <http://www3.tjrs.jus.br/site_php/consulta/download/exibe_documento_att.php?ano=2 009&codigo=2220639>. Acesso em 07 jun. 2010.

colos Clínicos do Ministério da Saúde e que fundamenta no sentido de que teria de ser demonstrada situação excepcional para que justificasse determinação de prestação estranha à política pública.

Na decisão relativa ao Agravo de Instrumento 2009.04.00. 010742-9[221] o relator fundamenta que quanto aos medicamentos excepcionais haveria litisconsórcio passivo necessário entre Estado e União porque competiria "ao primeiro a distribuição e, por vezes, a aquisição dos medicamentos, com repasse de valores pela União". Na mesma linha de raciocínio, aponta que ocorreria o mesmo com os medicamentos para tratamento de câncer fornecidos nos Centros de Alta Complexidade em Oncologia porque caberia ao Ministério da Saúde "o repasse dos recursos para o custeio dos procedimentos". Entretanto, seria de competência dos Estados a eleição dos CACONs.

As decisões que se posicionam nesse âmbito indicam uma tendência de crescente avaliação contextual e tópica das demandas. Entretanto, percebe-se a busca de parâmetros diferentes que acabam por gerar consequências práticas bastante semelhantes à responsabilidade solidária porque, via de regra, as políticas públicas acabam por exigir alguma articulação entre os entes federados, gerando assim um vínculo. O dever de cooperação interfederativa cria necessariamente uma vinculação entre as esferas, como já se pôde demonstrar, esse aspecto está na base do federalismo cooperativo e das competências concorrentes.

Inclusive, nos exemplos de políticas públicas que foram trazidos para ilustrar esse panorama foi possível perceber que há casos onde o tratamento implica responsabilidades de vários entes: vide aquisição centralizada pelo Ministério da Saúde e armazenamento e distribuição aos municípios ou regionais pelos estados ou mesmo o financiamento compartilhado entre esferas. É ou seria possível ao juiz, em caso de demanda judicial, dizer com facilidade e para todos os casos quem seria responsável por determinado tratamento? A característica de um tratamento resultar de esforços múltiplos permaneceria, mesmo em uma repartição de competências totalmente regulada, implementada e respeitada. Os critérios utilizados para pronunciar pela responsabilização de um único ente ou para determinar uma divisão complexa de responsabilidades ou mesmo a

---

[221] Tribunal Regional Federal da 4ª Região. Acórdão. Agravo de instrumento 2009.04.00. 010742-9/SC. Terceira Turma. Relator: João Pedro Gebran Neto. Julgado em 27 out. 2009. Publicado no Diário de Justiça em 19 nov. 2009. Disponível em: <http://gedpro.trf4.gov.br/visualizarDocumentosInternet.asp?codigoDocumento=3095742>. Acesso em 07 jun. 2010.

solidariedade necessitam de mais estudos. Existem diferentes momentos: aquisição, distribuição e armazenamento, financiamento, dispensação à população etc. Como trabalhá-los?

Outro ponto a considerar é que, quando da análise da jurisprudência, se percebeu que seria plausível que, na variação das posições, o contexto ou configuração processual e o contexto fático dos processos, exercesse uma influência importante. Caso isso não se configure de forma intencional pelos órgãos julgadores, mesmo assim, pode-se dizer que é salutar, em alguma medida, que esse aspecto seja tomado em consideração nas decisões.

Por exemplo, na STA 91,[222] o Estado de Alagoas requer a suspensão da execução de tutela antecipada concedida em ação civil pública que determina "o fornecimento de medicamentos necessários para o tratamento de pacientes renais crônicos em hemodiálise e pacientes transplantados". O estado argumenta a ocorrência de grave lesão à economia pública. A liminar impugnada seria genérica ao determinar que o Estado fornecesse "todo e qualquer medicamento necessário ao tratamento dos transplantados renais e pacientes renais crônicos", impondo a entrega de medicamentos que não seriam da competência do ente federado. O "fornecimento de medicamentos, além daqueles relacionados na Portaria n.º 1.318 do Ministério da Saúde e sem o necessário cadastramento dos pacientes [inviabilizaria] a programação do Poder Público", o que comprometeria o adequado cumprimento da política pública. O pedido de suspensão de tutela antecipada é deferido parcialmente para limitar a responsabilidade aos medicamentos constantes da portaria. A relatora aponta que a ação contemplou medicamentos que não seriam de responsabilidade do Estado, mas do Município de Maceió. Como elemento de fundamentação, aponta que a gestão da política nacional de saúde buscaria atingir o maior número possível de beneficiários, que o direito à saúde referir-se-ia, em princípio, à efetivação de políticas públicas que alcançassem a população como um todo e não a situações individualizadas e que a responsabilidade do Estado em fornecer os recursos necessários à reabilitação da saúde de seus cidadãos não poderia vir a inviabilizar o sistema público de saúde. Fundamenta também que a tutela atingiria, por sua amplitude, esferas de competência distintas e que a sua

---

[222] BRASIL. Supremo Tribunal Federal. Decisões da Presidência. Suspensão de Tutela Antecipada. STA 91 /AL – ALAGOAS. Relator: Ellen Gracie. DJ 05 mar. 2007. p. 23. RDDP n. 50, 2007, p. 165-167. Disponível em: <http://www.stf.jus.br/portal/jurisprudencia/listarJurisprudencia.asp?s1=%28STA$.SCLA.%20E%2091.NUME.%29&base=basePresidencia>. Acesso em 13 out. 2010.

execução estaria "diminuindo a possibilidade de serem oferecidos serviços de saúde básicos ao restante da coletividade".

De outro lado, na STA 138/RN,[223] também julgada pela Ministra Ellen Gracie, o estado traz uma argumentação bastante semelhante, ao dizer que não estaria se negando "a fornecer todo e qualquer medicamento ao paciente", mas apenas propondo a indicação de outros similares, que estivessem relacionados na listagem oficial do Ministério da Saúde e que ao atender o pleito individual estaria diminuindo as possibilidades do atendimento básico à população em geral. Entretanto, nesse caso, a Ministra nega o pedido de suspensão sob o fundamento de que o autor não teria condições financeiras de arcar com os custos do tratamento, de que o autor fora submetido a outros tratamentos sem o efeito esperado, de que o relatório médico indicava risco à vida. Em que pesem as evidências apontadas no processo, esse caso também faz refletir se a própria configuração do processo também não teria influenciado na resposta positiva do Judiciário. No caso anterior, a ação civil pública tendencialmente teria um caráter mais geral (mais coletivo) e nesse caso a demanda era específica: um único paciente, por meio de uma ação individual busca um tratamento específico para sua doença. Esse tipo de contraste sugere que o judiciário pode ter receio de demandas de caráter coletivo.[224]

Por meio da leitura da SS 3205,[225] que possui um contexto bastante semelhante ao do processo acima, pode-se ressaltar que, no que se refere aos pedidos de suspensão de execuções (suspensão de tutela antecipada, suspensão de segurança), haveria um reforço da tendência de particularização das decisões, de decidir segundo o *caso a caso*, porque seria uma medida excepcional. Nessa decisão a relatora explicita a lógica de sua decisão, a qual parece dialogar

---

[223] BRASIL. Supremo Tribunal Federal. Decisões da Presidência. Suspensão de Tutela Antecipada. STA 138 / RN – Rio Grande do Norte. Relator: Ellen Gracie. DJ 19 set. 2007. p. 24. Disponível em: <http://www.stf.jus.br/portal/jurisprudencia/listarJurisprudencia.asp?s1=%28STA$.SCLA.%20E%20138.NUME.%29&base=baseMonocraticas>. Acesso em 09 jun. 2010.

[224] A pesquisa de Hoffmann e Bentes identifica baixo nível de êxito nas ações coletivas sobre saúde. HOFFMANN, Florian F.; BENTES, Fernando R. N. M. A Litigância Judicial dos Direitos Sociais no Brasil: uma Abordagem Empírica. *In:* SOUZA NETO, Cláudio Pereira de; SARMENTO, Daniel (coord.). *Direitos Sociais:* Fundamentos, Judicialização e Direitos Sociais em Espécie. Rio de Janeiro: Lumen Juris. 2008. p. 383-416.

[225] BRASIL. Supremo Tribunal Federal. Decisões da Presidência. Suspensão de Segurança. *SS 3205 / AM – Amazonas*. Relator: Ellen Gracie. DJ 08 jul. 2007. p. 23. RDDP n. 53, 2007, p. 175-177. Disponível em: <http://www.stf.jus.br/portal/jurisprudencia/listarJurisprudencia.asp?s1=%28SS$.SCLA.%20E%203205.NUME.%29&base=basePresidencia>. Acesso em 27 out. 2010.

com a decisão referente a STA 91 que foi favorável à repartição de competências, qual seja a de que a discussão acerca das competências não poderia preponderar em relação ao direito à saúde contido no art. 196 da CF que obriga todas as esferas a atuarem de forma solidária. Entretanto, mesmo fazendo uma análise contextual, permanece certo nível de contradição entre as decisões tomadas, o que traz o questionamento sobre a possibilidade de a relatora ter, na verdade, modificado a sua posição.

Na medida cautelar 14015[226] fica ressaltado o aspecto do risco à vida. Nesse caso, o Ministério Público recorre ao STJ para buscar o fornecimento de medicamento para menor de idade. A decisão é, de forma unânime, favorável ao pedido do Ministério Público. Consultando as informações processuais no *site* do Tribunal de Justiça do Estado do Rio Grande do Sul[227] confirma-se que a ação possui como réu apenas o Estado do Rio Grande do Sul. Nesse precedente decide-se no sentido de uma responsabilidade solidária dos entes federados (na decisão fundamenta-se que todos os entes seriam competentes para o cuidado com a saúde). E um dos elementos centrais da fundamentação da decisão é o de que a improcedência da medida cautelar levaria à perda do objeto a ser julgado em recurso especial pendente, tendo em vista o risco à vida.

Dentro do rol de consequências processuais, pode-se incluir também a questão de que ao aderir a uma ou a outra tese (responsabilidade solidária *versus* repartição de competências), estar-se-á decidindo também a respeito da legitimidade passiva[228] e a consequência prática dessa decisão é a possibilidade de haver exclusão de entes federados do polo passivo (da posição de réu) nos processos judiciais. E isso pode ter influência, inclusive, na competência para o julgamento da matéria nos órgãos do Poder Judiciário.[229] Pode

---

[226] BRASIL. Superior Tribunal de Justiça. Acórdão. Medida Cautelar n. 14.015 – RS (2008/0066255-3). Segunda Turma. Relator: Eliana Calmon. Julgado em 17 fev. 2009. Publicado no DJe em 24 mar. 2009 . Disponível em: <https://ww2.stj.jus.br/revistaeletronica/Abre_Documento.asp?sSeq=768480&sReg=200800662553&sData=20090324&formato=PDF>. Acesso em 14 out. 2010.

[227] <http://www1.tjrs.jus.br/busca/?tb=proc>

[228] No REsp 773657/RS Município havia recorrido ao STJ argumentando que não possui legitimidade passiva (não deveria constar como réu) porque não era competente para a entrega de medicamentos especiais e excepcionais. BRASIL. Superior Tribunal de Justiça. Acórdão. Recurso Especial n. 773657 / RS (2005/0134491-7). Primeira Turma. Relator: Francisco Falcão. Julgado em 08 nov. 2005. Publicado no DJ em 19 dez. 2005, p268. Disponível em: <https://ww2.stj.jus.br/revistaeletronica/Abre_Documento.asp?sSeq=592661&sReg=200501344917&sData=20051219&formato=PDF>. Acesso em 15 out. 2010.

[229] Como se ressalta na seguinte decisão: Tribunal Regional Federal da 4ª Região. Acórdão. Agravo de instrumento 2009.04.00.010742-9/SC. Terceira Turma. Relator: João Pedro Gebran

ocorrer, por exemplo, o deslocamento da competência para julgar a matéria da justiça federal para a estadual se a União for excluída da lide, do processo.[230]

Relacionado a esse ponto também se deve levar em conta a grande complexidade da própria regulamentação da assistência farmacêutica. Se por um lado é difícil a análise dessas questões em detalhes, por um Poder Judiciário que possui enorme quantidade de processos a julgar,[231] por outro a decisão possui reflexos diretos e práticos na vida das pessoas que buscam medicamentos. Isso porque se o verdadeiro responsável pela entrega da prestação de saúde requerida perante o judiciário não tiver sido previamente indicado pelo autor, como réu, na sua petição inicial a consequência poderá ser a extinção da ação ou, até mesmo, uma demora decisiva que eventualmente não poderá ser suprida a tempo pelo Poder Judiciário, mesmo com uma conduta mais pró-ativa por parte do juiz.

Na Apelação Cível 70025138892,[232] o relator decide a princípio favoravelmente à repartição de competências, mas quanto aos medicamentos não constantes de nenhuma das listas determina a realização de mais provas a respeito da gravidade da doença, da eficácia do tratamento ministrado e da possibilidade de substituição por medicamentos da rede pública. Esse precedente demonstra uma dimensão importante da questão da responsabilidade solidária e da repartição de competências: as questões técnicas podem influenciar de forma decisiva no cabimento ou não dos pleitos. Nesse sentido, é importante sanar as dúvidas que aparecem no curso dos processos. A tendência negativa da responsabilidade solidária vista de uma forma irrestrita, é exatamente a de desviar o olhar desses importan-

---

Neto. Julgado em 27 out. 2009. Publicado no Diário de Justiça em 19 nov. 2009. Disponível em: <http://gedpro.trf4.gov.br/visualizarDocumentosInternet.asp?codigoDocumento=309 5742>. Acesso em 07 jun. 2010.

[230] Quanto à competência para julgar, em síntese, será, a princípio, da justiça estadual, excepcionando-se nos casos em que a União ou entidade a ela ligada esteja vinculada ao processo (ver art. 109, I CF).

[231] Apenas para ilustrar refira-se que a justiça estadual, em primeira instância, no ano de 2008, possuía 33.145.844 processos pendentes de julgamento, um número de 12.250.758 novos processos e um número aproximado de 8.603 magistrados. CONSELHO NACIONAL DE JUSTIÇA. *Dados do Justiça em Números – Série histórica 2004 à 2008* – JUSTIÇA Estadual. Disponível em <http://www.cnj.jus.br/images/2._srie_histrica_justia_estadual.pdf>. Acesso em Maio 2010. p.2.

[232] RIO GRANDE DO SUL. Tribunal de Justiça do Estado do Rio Grande do Sul. Acórdão. Apelação Cível n. 70025138892. Quarta Câmara Cível. Relator: Alexandre Mussoi Moreira. Julgado em 11 mar. 2009. Publicado no Diário de Justiça em 31 mar. 2009. Disponível em: <http://www3.tjrs.jus.br/site_php/consulta/download/exibe_documento_att.php?ano=2 009&codigo=245603>. Acesso em 07 jun. 2010.

tes detalhes, o de se transformar, para todos os casos, em fórmula genérica e pronta, de aplicação mecânica, configurando um grave defeito que reclama um resgate de sentido para a tese referida. É justamente esse aspecto o próximo foco desse trabalho.

A decisão referente ao RE-AgR 2712868/RS[233] foi um dos primeiros precedentes importantes em matéria de direito à saúde. Ele é citado tanto nos trabalhos de pesquisa sobre saúde,[234] quanto, reiteradamente, pelas próprias decisões judiciais.[235] Aborda pedido referente a tratamento de paciente com HIV/SIDA. Na decisão do Ministro Celso de Mello um dos principais pontos é a questão da responsabilidade solidária e da repartição de competência entre os entes da federação, nesse sentido argumenta que a norma do art. 196 da Constituição Federal possui por destinatários todos os entes políticos da organização federativa. Nove anos depois, o Ministro Gilmar Mendes retoma esse precedente e explicita que nele houve o reconhecimento de uma relação jurídica obrigacional entre o Estado e o indivíduo.[236]

Esse precedente mostra que não é tecnicamente aleatório o reconhecimento da responsabilidade solidária e demonstra um exemplo prático de diálogo entre direito público e privado e também do crescente uso de instrumentos de direito privado nas relações estabelecidas pela administração pública.[237] A responsabilidade solidária ou obrigação solidária implica o reconhecimento de que cada um dos entes é responsável pela totalidade da prestação de saúde requerida, entretanto, o resultado prático é que aquele que forneceu

---

[233] BRASIL. Supremo Tribunal Federal. Acórdão. Agravo Regimental no Recurso Extraordinário. RE 2712868 AgR / RS – Rio Grande do Sul. Segunda Turma. Relator: Celso de Mello. DJ 24 nov. 2000. p. 00101. Disponível em: <http://redir.stf.jus.br/paginador/paginador.jsp?docTP=AC&docID=335538>. Acesso em 15 jun. 2010. No mesmo sentido: BRASIL. Supremo Tribunal Federal. Decisões da Presidência. Recurso Extraordinário. RE 232335 / RS – Rio Grande do Sul. Relator: Celso de Mello. DJ 25 ago. 2000. P – 00099. Disponível em: <http://www.stf.jus.br/portal/jurisprudencia/listarJurisprudencia.asp?s1=%28RE$.SCLA.%20E%20232335.NUME.%29&base=basePresidencia>. Acesso em 15 jun. 2010.

[234] Por exemplo, na pesquisa de SCHEFFER, Mário; SALAZAR, Andrea Lazzarini; GROU, Karina Bozola. *O remédio via Justiça*. Brasília: Ministério da Saúde; 2005. Disponível em <http://www.saberviver.org.br/pdf/remedio_via_justica.pdf>. Acesso 05 out. 2010.

[235] Por exemplo, é citada pela recente decisão a seguir: BRASIL. Supremo Tribunal Federal. Decisões da Presidência. Suspensão de segurança. SS 3751. Relator: Gilmar Mendes. DJe- 077 Divulg. 27 abr. 2009 Public. 28 abr. 2009. Disponível em: <http://www.stf.jus.br/portal/jurisprudencia/listarJurisprudencia.asp>. Acesso em 14 out. 2010.

[236] BRASIL. Supremo Tribunal Federal. Decisões da Presidência. Suspensão de segurança. *SS 3751*. Relator: Gilmar Mendes. DJe- 077 Divulg. 27 abr. 2009 Public. 28 abr. 2009. Disponível em: <http://www.stf.jus.br/portal/jurisprudencia/listarJurisprudencia.asp>. Acesso em 14 out. 2010.

[237] ESTORNINHO, Maria João. *Requiem pelo Contrato Administrativo*. Coimbra: Almedina. 2003.

a prestação tem o direito de reaver dos demais a sua cota. Tal fundamento seria mais típico ao direito privado e em nosso ordenamento jurídico possui embasamento nos artigos 264, 275 e 283 do Código Civil. Esse contexto no remete à tendência atual de convergência entre direito público e privado, que inclusive se denomina de publicização do direito privado e de privatização do direito público.[238]

Anteriormente a essa famosa decisão do Ministro Celso de Mello, que data do ano de 2000, existe um conjunto de decisões, as quais igualmente avaliam pedido de medicamentos para o tratamento de portadores de HIV/SIDA e foram julgadas nos anos de 1998 e 1999 pelo STF.[239] Tais decisões, ao que parece, estão na base que formou essa jurisprudência famosa, principalmente com relação ao Recurso Extraordinário 242.859-3 porque se trata de acórdão e, por isso, reflete mais claramente a posição do órgão julgador como um todo. De uma forma bem resumida, pode-se dizer, por meio de uma leitura dessas decisões e também da decisão do Ministro Celso de Mello,[240] que a tese da responsabilidade solidária dos entes da federação nasce em um contexto ainda marcado pelo embate entre duas teses básicas. A primeira a de que as normas constitucionais seriam meramente programáticas e de que, portanto, deveriam aguardar regulamentação posterior (infraconstitucional), a segunda a de que as normas constitucionais possuem eficácia

---

[238] FACCHINI NETO, Eugênio. Reflexões histórico-evolutivas sobre a constitucionalização do direito privado. In: SARLET, Ingo Wolfgang. (Org.). *Constituição, Direitos Fundamentais e Direito Privado*. Porto Alegre: Livraria do Advogado, 2003. p. 11-60.

[239] BRASIL. Supremo Tribunal Federal. Decisões da Presidência. Agravo de Instrumento. AI 232469 / RS – Rio Grande do Sul. Relator: Marco Aurélio. Julgamento 12 dez 1998. DJ 23 Fev. 1999. Disponível em <http://www.stf.jus.br/portal/jurisprudencia/listarJurisprudencia. asp?s1=%28AI$.SCLA.%20E%20232469.NUME.%29&base=basePresidencia>. Acesso em 28 Out. 2010. BRASIL. Supremo Tribunal Federal. Decisão da Presidência. Recurso Extraordinário. RE 236644 / RS – Rio Grande do Sul. Relator: Maurício Corrêa. Julgamento 05 ago. 1999. DJ Data set. 1999. p. 81. Disponível em <http://www.stf.jus.br/portal/jurisprudencia/listarJurisprudencia.asp?s1=%28RE$.SCLA.%20E%20236644.NUME.%29&base=basePresidenc ia>. Acesso 28 out. 2010. BRASIL. Supremo Tribunal Federal. Decisão da Presidência. Agravo de Instrumento. AI 238328 / RS – Rio Grande do Sul. Relator: Marco Aurélio. Julgamento 30 Mar. 1999. DJ 11 maio 1999. p. 30 RTJ VOL-00200-01. p. 325. Disponível em <http://www.stf. jus.br/portal/jurisprudencia/listarJurisprudencia.asp?s1=%28AI$.SCLA.%20E%20238328. NUME.%29&base=basePresidencia>. Acesso em 28 out. 2010. BRASIL. Supremo Tribunal Federal. Decisão da Presidência. Recurso Extraordinário. RE 247900 / RS – Rio Grande do Sul. Relator: Marco Aurélio. Julgamento 20 Set. 1999. DJ Data 27 out. 1999. p. 28. Disponível em<http://www.stf.jus.br/portal/jurisprudencia/listarJurisprudencia.asp?s1=%28RE$. SCLA.%20E%20247900.NUME.%29&base=basePresidencia>. Acesso em 28 out. 2010. BRASIL. Supremo Tribunal Federal. Acórdão. Recurso Extraordinário n. 242.859-3 Rio Grande do Sul. Primeira Turma. Relator: Ministro Ilmar Galvão. Julgamento 29 jun. 1999. DJ 17 jun. 1999. Disponível em <http://redir.stf.jus.br/paginador/paginador.jsp?docTP=AC&docID= 257184>. Acesso em 28 out. 2010.

[240] Referente ao agravo regimental no Recurso Extraordinário 271286.

imediata. Adotando-se a primeira tese, o estado poderia opor aos cidadãos que buscam o judiciário, como forma de defesa, a sua própria omissão – portanto, tiraria benefício de sua própria torpeza e poderia manter a omissão como forma de não efetivar direitos. Esse contexto básico é importante considerar porque pode determinar o motivo pelo qual, ainda hoje, permanece forte a tese da responsabilidade solidária, vista de uma forma irrestrita. A questão é que, quando surgiu, era mais problemática a questão da regulamentação, e a Constituição poderia efetivamente, com muito maior probabilidade, virar uma promessa inconsequente, usando a expressão famosa da decisão do Ministro Celso de Mello (embora ainda seja fato que continuemos e continuaremos a correr esse grande risco). Agora, talvez, a tese da responsabilidade solidária poderia ser matizada, temperada, conforme o contexto.

A busca inicial de jurisprudência realizada tendo como base o ano de 2009 levou a conhecer o debate sobre a tese de que haveria uma responsabilidade linear que alcançaria a União, os Estados, o Distrito Federal e os Municípios. Por esse motivo, foi realizada uma busca específica no sítio do Supremo Tribunal Federal[241] para verificar se essa tese tinha algum respaldo na Suprema Corte e sobre como ocorreu a sua origem. Como resultado do levantamento e rastreamento, encontrou-se o Recurso Extraordinário 195.192-3,[242] datado do ano de 2000, esse foi o precedente mais antigo localizado a respeito dessa posição e, ao que parece marca a sua origem porque se verificou que é uma decisão citada como precedente.[243] Entretanto, a concepção de uma responsabilidade linear não é justificada nessa decisão, conta apenas na ementa com a referência de que "o Sistema Único de Saúde torna a responsabilidade linear alcançando a União, os Estados, o Distrito Federal e os Municípios". Mas sobre essa imagem da linha é necessário pensar em que medida estaria adequada ao sistema de saúde delineado, um modelo que prevê cooperação, integração; soma de esforços que pode levar à sinergia. Talvez nesse ponto exista algo parecido ao que se lê no trabalho

---

[241] <http://www.stf.jus.br/portal/jurisprudencia/pesquisarJurisprudencia.asp> Utilizaram-se os termos "saúde" e "linear".

[242] BRASIL. Supremo Tribunal Federal. Acórdão. Recurso Extraordinário 195.192-3 Rio Grande do Sul. Segunda Turma. Relator: Marco Aurélio. Jugado 22 fev. 2000. DJ. 31 mar. 2000. p. 60. Disponível em <http://redir.stf.jus.br/paginador/paginador.jsp?docTP=AC&docID=234359>. Acesso em 28 out. 2010.

[243] Por exemplo, no AI 817938 / RS – Rio Grande do Sul. Agravo de Instrumento. Relator(a): Min. Ricardo Lewandowski. Julgamento: 29/09/2010. DJe-194 Divulg14 out. 2010 Public. 15 out. 2010 e RE 277573 / RJ – Rio de Janeiro. Recurso Extraordinário. Relator(a): Min. Nelson Jobim. Julgamento: 21 set. 2000. DJ 26 out. 2000. p. 57.

de Werneck Vianna:[244] o paradoxo de perceber uma lógica antiga por meio da qual é visto um sistema novo. A Constituição de 1988 traz elementos que reforçam a descentralização e seria resultado das próprias forças federativas em oposição ao modelo unitário e centralizador do regime militar, entretanto, em seu trabalho, o autor aponta a retomada de uma tendência centralizadora, que surge agora de um processo não intencional, surge das demandas dos movimentos sociais e da sociedade civil, e o autor cita como um dos exemplos a própria criação do Sistema Único de Saúde.

Dessa forma percebe-se que a tese da responsabilidade solidária surge em um contexto de busca pela realização prática de direitos fundamentais reconhecidos pela constituição e de aproximação entre o direito público e o direito privado e do consequente enfraquecimento da distinção entre um e outro.

A próxima tematização a ser apresentada mostra senão a gradual inserção do Poder Judiciário, ao menos a possibilidade de uma maior consideração desse Poder presente de forma ainda carente no federalismo cooperativo.[245]

Dos diversos profissionais que se pronunciaram na audiência pública também houve quem pautasse exemplos e sugestões sobre como contornar o problema da repartição de competências na esfera judicial. No pronunciamento do subprocurador-geral do Estado do Rio de Janeiro, destaca-se o relato de que o Estado do Rio de Janeiro tem tomado

> iniciativas em colaboração com outros entes federativos, em colaboração com o município do Rio de Janeiro, em colaboração com a Defensoria Pública do Estado do Rio de Janeiro, [...] acordos que geraram a criação de uma central única para recebimentos e mandados judiciais, exatamente para evitar o cumprimento em duplicidade de medidas judiciais; acordos com a Defensoria Pública para que ações, pelo menos em relação aos remédios expressamente constantes de listas, não sejam mais propostas, e para que o medicamento seja entregue mediante simples entrega de ofício. Hoje mais de trezentos remédios e alguns exames já são feitos dessa forma há mais de um ano. Esses acordos já foram estendidos a algumas cidades do interior.[246]

---

[244] VIANNA, Luiz Werneck; BURGOS, Marcelo Baumann; SALLES, Paula Martins. *Dezessete anos de judicialização da política*. p. 45.

[245] Carência apontada por CAMARGO, Aspásia. *Federalismo cooperativo e o princípio da subsidiariedade: notas sobre a experiência do Brasil e da Alemanha*. p. 91.

[246] MASCARENHAS, Rodrigo Tostes de Alenca. Audiência Pública Saúde. *Responsabilidade dos Entes da Federação e Financiamento do SUS*. Supremo Tribunal Federal. 28 abr. 2009. Disponível em <http://www.stf.jus.br/arquivo/cms/processoAudienciaPublicaSaude/anexo/Sr._Rodrigo_Tostes_de_Alencar_Mascarenhas_Subprocurador_Geral_do_Estado_do_Rio_de_Janeiro_.pdf>. Acesso 10 set. 2010. p. 3-4.

Outro exemplo de iniciativa do Estado do Rio de Janeiro é que foram postos à disposição, de duas Varas de Fazenda Pública na Capital, farmacêuticos

para dar auxílio técnico ao juiz, na avaliação da pertinência de determinado medicamento, da existência ou não de um medicamento equivalente nas listas do SUS. Também foi criado pela Secretaria de Saúde um *software* disponibilizado para os juízes de Fazenda Pública para que tenham acesso a esses medicamentos.[247]

Em relação ao que chama de "solidariedade passiva", o Defensor Público da União André da Silva Ordacgy oferece as seguintes sugestões de soluções:

A criação de um sistema de compensação financeira. [Nele] o município ou o Estado que tivesse arcado, dentro da repartição administrativa, das divisões administrativas do SUS, com medicamento que não seria de sua autoria, teria direito a uma compensação. Tem de haver boa vontade política para que isso seja exercitado.[248]

O especialista inclusive aponta a possibilidade de dedução de verbas no Fundo Nacional de Saúde, que é administrado pelo Ministério da Saúde.[249]

E é necessário, também, um controle informatizado dos medicamentos. É muito comum se ouvir da reclamação de que o beneficiado daquela prestação de saúde poderia estar recebendo em duplicidade medicamentos, ou seja, ele pode receber pela União, pelo Estado, pelo Município, e aí ele estar fazendo uma estocagem ilegal de medicamentos. Isso é uma exceção; pode acontecer. Não é a regra geral, mas, em acontecendo, a melhor forma de sanar isso não é evitar-se, criar um óbice para o direito à saúde, e, sim, criar mecanismos de controle; e o sistema informatizado surge aí como a melhor alternativa.[250]

Nesse tópico, percebe-se a possibilidade de iniciativas de integração entre a administração e o judiciário. Iniciativas que evitam a proposição de demandas que podem ser atendidas sem que seja instaurado o processo judicial e que evitam o cumprimento simultâneo de uma mesma ordem judicial. Por outro lado também se percebe um importante foco: dispor aos juízes meios de informação necessários à correta instrução e andamento dos processos judiciais. Em um terceiro nível, percebe-se que a sugestão de criação de um fundo de compensação financeira[251] pode ser uma maneira de equacionar as eventuais distorções da solidariedade em nível judicial.

---

[247] MASCARENHAS, cit., p. 4.

[248] ORDACGY, André da Silva. *Audiência Pública Saúde*. p. 6.

[249] Idem, ibidem.

[250] Idem, p. 6 -7.

[251] Para que o ente federado que forneceu medicamento que não seja de sua atribuição possa obter o ressarcimento.

Caso se entenda que efetivamente existam severos problemas de nível administrativo que precisam ser solucionados, então o fechamento da via judicial não parece ser uma solução substancial do problema. As propostas acima atendem a diversos cenários das demandas judiciais e isso não exclui que se façam as necessárias correções no nível administrativo. Tais correções também devem visualizar os diferentes cenários, e necessidades e devem ser feitas de forma integrada.

Na situação atual, ao que parece, é necessário que se busque não somente a integração em nível administrativo e legislativo das esferas federativas, mas também incluir o Poder Judiciário.

Foi possível observar, especialmente no primeiro capítulo, a formação e tendência histórica de um federalismo cooperativo. Mesmo que existam contextos em que não se possa falar propriamente de federalismo cooperativo, há que se observar que há um nível mínimo de cooperação necessário para a coexistência. Mas mesmo esse nível mínimo provavelmente tem variado e aumentado de patamar frente a um estado que assume postura de formulação de políticas públicas e também frente à economia globalizada. Essa nova tendência surge em conexão tanto com as exigências quanto com a necessidade de atuação uniforme por parte do estado. No primeiro caso, em virtude das expectativas de uma igualdade material por parte dos cidadãos, no segundo, frente à necessidade de maior eficiência. A realização das tarefas passa, então, a exigir uma maior integração (atuação integrada) tanto de políticas públicas que afetam um mesmo tema, quanto das esferas de poder que funcionam em um mesmo tópico.

Desse contexto decorrerão entre as partes (ou níveis federados) inúmeros vínculos. Inclusive, no caso da constituição brasileira diante do contexto apontado nos capítulos primeiro e segundo (disposições constitucionais e as normas que regem as políticas de saúde) pode-se inclusive assinalar um dever de cooperação. Cooperação, atuação uniforme e integrada são elementos que possibilitam uma iniciativa mais sólida e consistente do estado e ao mesmo tempo tem a característica e a necessidade de literalmente *soldar* (unir) as diversas esferas. Mas isso não é uma coisa que ocorra espontaneamente, embora em um sistema construído sempre haja efeitos produzidos pelo seu funcionamento.

No início, como preâmbulo desse capítulo, foi reproduzida a etimologia da palavra *solidariedade*. Será mero acaso o fato de ela ter sua origem na palavra *sólido*? Ou será que a atuação sólida (e uniforme) do estado depende de que as diversas esferas de poder trabalhem de forma solidária?

O que ocorre, então, se os entes federados não atuam de forma solidária na formulação e condução de políticas públicas e nas suas intervenções dentro da sociedade? Mesmo que vários objetivos não sejam alcançados em virtude dessa inobservância, a pesquisa de jurisprudência quando lida em conjunto com a pesquisa das normas, que regulam tanto a base da formulação e da execução de políticas públicas para a saúde quanto as que regem políticas específicas que foram ilustradas no presente trabalho, mostram que a solidariedade não deixará de produzir seus efeitos, que aparecerá no plano da responsabilidade (responsabilização), ou melhor, da corresponsabilidade.

O estado (e os entes federados) está submetido ao direito por ele mesmo produzido, e a esfera que possui o poder de por em prática é aquela a qual incumbe dizer o direito (a jurisdição).[252] Nesse sentido, é possível ver a tese, em princípio dominante, da responsabilidade solidária como uma reafirmação daquilo que é posto pelo direito vigente. Embora não se possa negar que existam efeitos *colaterais* e que os efeitos práticos não sejam de todo benéficos. Todavia, não se pode pretender coisa melhor sem que a solidariedade seja posta em prática no nível adequado pelos próprios entes federados, no nível das iniciativas (formulação e execução das políticas públicas). Isso, inclusive poderá ser um passo essencial para uma melhor identificação da localização das falhas. Afinal, como seria possível a identificação da responsabilidade em um ambiente caótico gerado pela inobservância de uma premissa básica, a solidariedade?

Então uma pergunta fica: há como escapar da solidariedade dos entes federados? Ou é necessário assumi-la para melhor explorar seus efeitos benéficos?

---

[252] Reflexão feita, nesse trecho, a partir de diversos elementos apresentados em: VIANNA, Luiz Werneck; BURGOS, Marcelo Baumann; SALLES, Paula Martins. Dezessete anos de judicialização da política. Apenas para ilustrar alguns desses elementos cite-se a seguir: Para o autor, a projeção atual do papel do juiz "em quase todos os aspectos da vida social" não pode fixar em uma análise apressada a apontar pretensões de ativismo judiciário (p. 39). O primeiro marco apontado pelo autor está posto no segundo pós-guerra, além do Tribunal de Nuremberg cita que da guerra veio a motivação da necessidade de incluir nas constituições "um núcleo dogmático" (p. 39), "explicitando valores fundamentais a obrigar o poder soberano" (Habermas apud Vianna; *et al.* 2007, p. 40). Nesse sentido aponta para duas questões: (1) necessidade de um judiciário com jurisdição "sobre a legislação produzida pelo poder soberano"; (2) na esteira do Welfare State e da harmonização da relação entre as classes sociais uma tendência de "trazer o direito para o centro da vida social" (p. 40). Outra tendência apontada pelo autor é a de que a legislação do Welfare State assume uma natureza aberta tendo em vista que busca "regular o futuro a partir do tempo presente" (aspecto programático) contrariando, a ênfase liberal na segurança jurídica (regulação pelo tempo passado) (p. 40).

6. Considerações finais

O federalismo cooperativo surge no transcurso de um caminho histórico que passou gradativamente a exigir do estado uma atuação mais unitária; como meio para alcançar eficiência; como meio para alcançar a solidez de atuação; como meio para alcançar a igualdade em seu sentido material. Esse aspecto não implica, por si, a perda do sentido de descentralização do poder, inerente ao federalismo. A União cuida dos objetivos e do contexto geral na nação, tem uma visão mais global e deve atuar para reduzir as desigualdades regionais, mas deve atuar afinada com estados e municípios para lhes prestar os apoios e capacitações necessários para que desempenhem suas funções. Os estados desempenham papel bastante semelhante ao da União, porém, apenas dentro da sua circunscrição territorial e em relação aos seus municípios. Tudo isso para que a esfera municipal consiga prestar os atendimentos de que necessita a população. A complexidade dos atendimentos também imprime semelhante lógica ao papel dos entes. A União prestará os atendimentos mais complexos e menos frequentes; os estados, os de complexidade média, e os municípios os mais básicos e mais requisitados pelas populações. Com isso, o que se percebe é a possibilidade de atendimento potencialmente mais satisfatório e igualitário, tendo em vista a possibilidade de fazer frente a diferentes perfis de necessidade regional e local e de atenção às diferentes intensidades de atuação que são requeridas do estado.

Todavia, alguns percalços inevitavelmente aparecerão. Dentre os aspectos tratados, há algumas possibilidades. O planejamento e a clareza das políticas devem ser rigorosamente bons; a assessoria técnica e a formação de recursos humanos também. Os elementos estudados mostram que esses não são pontos fortes no nosso sistema de saúde, mas a evolução normativa tem exigido melhoras nesses tópicos, isso pode ser visto até como uma resposta a esse problema. Entretanto, mesmo que a União se torne mais ativa nesse ponto, e os Estados atuem da mesma forma, poderá haver resistência por parte das municipalidades.[253] Isso pode ocorrer por causa do conflito entre interesses político-partidários ou pela simples contraposição de interesses presentes em diferentes entidades autônomas (questões fiscais, fazendárias, etc.). Nesse caso, a descentralização, de fórmula que evita o arbítrio passará a fórmula que paralisa a atuação estatal. Isso pode reclamar a atuação de diferentes órgãos de controle (por exemplo: Ministério Público, Tribunais de Contas) e potencialmente poderá surgir um litígio judicial. Em contextos desse tipo, por mais que o direito seja realizado de maneira forçada, é possível perceber alguma perda, algum desperdício que não pode ser evitado.

Nesse sentido, também vale citar a trajetória de divergências quanto ao método de cálculo dos percentuais mínimos de investimento em saúde estabelecidos pela EC29 e que foi objeto de regulamentação pela Resolução 322 do CNS em 2003 e atualmente é regulado pela LC 141/2012. Mesmo com a expressa regulação da portaria persistiram as divergências. As jurisprudências a respeito mostram a delicadeza do tema da fiscalização e do controle desses gastos. Matéria que possivelmente não ficará mais simples de trabalhar, mesmo com a atual previsão em norma de superior hierarquia (passou de resolução para lei complementar).

Igualmente, a evolução normativa tem robustecido a exigência de cooperação entre os entes federados para a realização do direito a saúde, marcando o objetivo de atuação unitária e ao mesmo tempo regionalizada do estado com vistas a realizar um melhor atendimento à população. Um aspecto base da cooperação é a necessidade de atuação solidária para que seja possível a sua real concretização e a extração dos melhores resultados possíveis. Nesse sentido, a tese da responsabilidade solidária, dominante na jurisprudência, aparece como um efeito necessário do direito vigente frente ao *deficit* de observância de uma premissa básica. Se os entes federados não atuam de forma solidária (e sólida), essa premissa aparece, no momento do litígio sob a forma de responsabilidade (solidária). A atuação sólida do estado abarca a cooperação, que, por sua vez, será possível não apenas com boa vontade política (a qual se existir em nível elevado já será algo extraordinário), mas também com uma boa gestão, planejamento, controle e avaliação dos recursos técnicos, financeiros, humanos e também dos tratamentos e dos atendi-

---

[253] O mesmo pode ocorrer em relação à Estados e à União. Pode ocorrer também em diferentes direções, como o da municipalidade que necessita ou busca apoio e não o recebe.

mentos prestados. A observância desses elementos básicos poderá, inclusive, ajudar a detectar a localização de fragilidades na prestação dos serviços de saúde e assim permitir um trabalho mais efetivo na correção.

Referências bibliográficas

ALMEIDA, Fernanda Dias Menezes de. *Competências na Constituição de 1988*. São Paulo: Atlas, 1991.

BARROSO, Luís Roberto. Saneamento Básico: competências constitucionais da união, estados e municípios. *Revista Interesse Público*. Porto Alegre. n. 14, p. 28-47, abr./jun. 2002.

BERCOVICI, Gilberto. *Desigualdades Regionais, Estado e Constituição*. São Paulo: Max Limonad, 2003.

——; SIQUEIRA NETO, José Francisco. O debate sobre a repartição de competências Federativas no Brasil. In: BERCOVICI, Gilberto. *Federalismo no Brasil:* Limites da Competência Legislativa e Administrativa. Distrito Federal: Secretaria de Assuntos Legislativos do Ministério da Justiça (SAL), 2009. Relatório. (Série Pensando o Direito: Federalismo. n.13.). p. 25-30.

BORGES, Danielle da Costa Leite; UGÁ, Maria Alicia Dominguez. Conflitos e impasses da judicialização na obtenção de medicamentos: as decisões de 1ª instância nas ações individuais contra o Estado do Rio de Janeiro, Brasil, em 2005. *Cad. Saúde Pública*, Rio de Janeiro,v. 26, n. 1, jan. 2010. Disponível em:<http://www.scielosp.org/scielo.php?script=sci_arttext&pid=S0102-311X20100001000 07&lng=pt&nrm=iso>. Acesso 12 jul. 2010.

CALIENDO, Paulo. Reserva do possível, direitos fundamentais e tributação. In: SARLET, Ingo Wolfgang; TIMM, Luciano Benetti (Orgs.). *Direitos Fundamentais:* orçamento e "reserva do possível". 2ª ed. Porto Alegre: Livraria do Advogado. 2010. p. 175- 186.

CAMARGO, Aspásia. Federalismo cooperativo e o princípio da subsidiariedade: notas sobre a experiência do Brasil e da Alemanha. In: HOFMEISTER, Wilhelm; CARNEIRO, José Mário Brasiliense (Orgs.). *Federalismo na Alemanha e no Brasil*. São Paulo: Fundação Konrad Adenauer, 2001. (Série Debates. n. 22. vol. I). p.69-94.

CHIAVENATO, Idalberto. *Introdução à Teoria Geral da Administração*. 7ª ed. Rio de Janeiro: Elsevier, 2003.

——. *Teoria Geral da Administração*. 6ª ed. Rio de Janeiro: Campus, 2001. vol.I.

CUNHA, Antônio Geraldo da. *Dicionário Etimológico Nova Fronteira da Língua Portuguesa*. 2ª Ed. Rio de Janeiro: Nova Fronteira, 1999.

DESCENTRALIZAÇÃO. In: CUNHA, Sérgio Sérvulo da. *Dicionário Compacto do Direito*. 4ª ed. São Paulo: Saraiva, 2005.

ESTORNINHO, Maria João. *Requiem pelo Contrato Administrativo*. Coimbra: Almedina. 2003.

FACCHINI NETO, Eugênio. Reflexões histórico-evolutivas sobre a constitucionalização do direito privado. In: SARLET, Ingo Wolfgang. (Org.). *Constituição, Direitos Fundamentais e Direito Privado.* Porto Alegre: Livraria do Advogado, 2003. p. 11-60.

FANTI, Fabíola. *Políticas de Saúde em Juízo:* um estudo sobre o município de São Paulo. Dissertação. São Paulo: Universidade de São Paulo, 2009. Disponível em:<http://www.teses.usp.br/teses/disponiveis/8/8131/tde-02032010-171419/publico/FABIOLA_FANTI.pdf>. Acesso 05 out. 2010.

FERREIRA FILHO, Manoel Gonçalves. *Curso de Direito Constitucional.* 34ª ed. São Paulo: Saraiva, 2008.

GARCIA, Emerson. Princípio da Separação dos Poderes: os órgãos jurisdicionais e a concreção dos direitos sociais. *De Jure – Revista Jurídica do Ministério Público do Estado de Minas Gerais,* Belo Horizonte, n. 10, p. 50- 88, jan./jun. 2008.

GONCALVES, Rogério Fabiano; BEZERRA, Adriana Falangola Benjamin; ESPÍRITO SANTO, Antônio Carlos Gomes do; *et al.* Confiabilidade dos dados relativos ao cumprimento da Emenda Constitucional nº. 29 declarados ao Sistema de Informações sobre Orçamentos Públicos em Saúde pelos municípios de Pernambuco, Brasil. *Cad. Saúde Pública,* Rio de Janeiro, v. 25, n. 12, dez. 2009. Disponível em <http://www.scielo.br/scielo.php?script=sci_arttext&pid=S0102-311X2009001200008&lng=en&nrm=iso>. Acesso em 29 nov. 2011. http://dx.doi.org/10.1590/S0102-311X2009001200008.

GUERRA Jr., Augusto Afonso; ACÚRCIO, Francisco de Assis; GOMES, Carlos Alberto Pereira; *et al.* Disponibilidade de medicamentos essenciais em duas regiões de Minas Gerais, Brasil. *Rev Panam Salud Publica.* 2004; 15(3):168–75. Disponível em:<http://www.scielosp.org/pdf/rpsp/v15n3/a05v15n3.pdf>. Acesso 06 out. 2010.

HOFFMANN, Florian F.; BENTES, Fernando R. N. M. A Litigância Judicial dos Direitos Sociais no Brasil: uma Abordagem Empírica. *In* SOUZA NETO, Cláudio Pereira de; SARMENTO, Daniel (coord.). *Direitos Sociais:* Fundamentos, Judicialização e Direitos Sociais em Espécie. Ed. Lumen Juris: Rio de Janeiro. 2008. p. 383-416.

HOLAND, Luciana. A responsabilidade solidária dos entes da federação no fornecimento de medicamentos. *Direito e Justiça.* Porto Alegre. v.36, n.1, p.29-44, jan./jun.2010. Disponível em:<http://revistaseletronicas.pucrs.br/ojs/index.php/fadir/article/viewFile/8857/6313>. Acesso em: 05 ago. 2011.

KUGELMAS, Eduardo. A evolução recente do regime federativo no Brasil. In: HOFMEISTER, Wilhelm; CARNEIRO, José Mário Brasiliense (Orgs.). *Federalismo na Alemanha e no Brasil.* São Paulo: Fundação Konrad Adenauer, 2001. (Série Debates n.22. vol. I). p. 29-49.

LEAL, Rogério Gesta. A efetivação do direito à saúde por uma jurisdição-serafim: limites e possibilidades. In: REIS, Jorge Renato dos; —— (Orgs.). *Direitos Sociais e Políticas Públicas:* desafios contemporâneos. Santa Cruz do Sul: EDUNISC, 2006. Tomo 6. p. 1525-1542.

LOPES, Clenir de Assis. A centralização no Estado Federal. *Revista da Faculdade de Direito da UFPR,* vol. 22, 1985. Disponível em: <http://ojs.c3sl.ufpr.br/ojs2/index.php/direito/article/viewArticle/8891>. Acesso em 09 nov. 2011.

MADSON, James. The Particular Structure of the New Government and the Distribuition of Power Among Its Different Parts. *The Federalist n. 47.* New York Packet. Wednesday, January 30, 1788. Disponível em <http://www.constitution.org/fed/federa47.htm>. Acesso em 18 out. 2011.

MENDES, Gilmar Ferreira; COELHO, Inocêncio Mártires; BRANCO, Paulo Gustavo Gonet. *Curso de Direito Constitucional*. 4ª ed. São Paulo: Saraiva, 2009.

MESSEDER, Ana Márcia; OSORIO-DE-CASTRO, Claudia Garcia Serpa; LUIZA, Vera Lucia. Mandados judiciais como ferramenta para garantia do acesso a medicamentos no setor público: a experiência do Estado do Rio de Janeiro, Brasil. *Cad. Saúde Pública*, Rio de Janeiro, v. 21, n. 2, abr. 2005. Disponível em<http://www.scielosp.org/scielo.php?script=sci_arttext&pid=S0102-311X20050002000 19&lng=pt&nrm=iso>. Acesso 12 jul. 2010.

MIRANDA, Jorge. *Teoria do Estado e da Constituição*. 2ª ed. Rio de Janeiro: Forense, 2009.

MORAES, Alexandre de. Competências Administrativas e Legislativas para Vigilância Sanitária de Alimentos. *Revista da Procuradoria-Geral do Estado de São Paulo*, n. 53, jun. 2000. p. 233-247. Disponível em:<http://www.pge.sp.gov.br/centrodeestudos/revistaspge/Revista%20PGE%2053.pdf#page=233>. Acesso em 05. fev. 2011.

PEPE, Vera Lúcia Edais; VENTURA, Miriam; SANT'ANA, João Maurício Brambati; et al. Caracterização de demandas judiciais de fornecimento de medicamentos "essenciais" no Estado do Rio de Janeiro, Brasil. *Cad. Saúde Pública*, Rio de Janeiro, v. 26, n. 3, mar. 2010. Disponível em:<http://www.scielo.br/scielo.php?script=sci_arttext&pid=S0102-311X2010000300004&lng=en&nrm=iso>. Acesso 12 jul. 2010.

ROVIRA, Enoch Alberti. *Federalismo y cooperacion en La Republica Federal Alemana*. Madrid: Centro de Estudios Constitucionales, 1986.

SARLET, Ingo Wofgang; FIGUEIREDO, Mariana Filchtiner. Algumas considerações sobre o direito fundamental à proteção e promoção da saúde aos 20 anos da Constituição Federal de 1988. In: KEINERT, Tânia Margarete Mezzomo; PAULA, Silvia Helena Bastos de; BONFIM, José Ruben de Alcântara (Orgs.). *As Ações Judicias no SUS e a Promoção do Direito à Saúde*. São Paulo: Instituto de Saúde, 2009. p. 25-62.

——; FIGUEIREDO, Mariana Filchtiner. *Notas sobre o direito Fundamental à proteção e promoção da saúde na ordem jurídico-constitucional brasileira*. Trabalhou-se com o original cedido pelo autor.

——; MOLINARO, Carlos Alberto. *Democracia – Separação de Poderes – Eficácia e Efetividade do Direito à Saúde no Judiciário brasileiro – Observatório do Direito à Saúde*. Belo Horizonte: Faculdade de Filosofia e Ciências Humanas, 2010/2011.

SCAFF, Fernando Facury. Direitos humanos e a desvinculação das receitas da União – DRU. *Revista de Direito Administrativo*. Rio de Janeiro, v.236, p. 33-50, abr./jun. 2004.

SCHEFFER, Mário; SALAZAR, Andrea Lazzarini; GROU, Karina Bozola. *O remédio via Justiça*. Brasília: Ministério da Saúde; 2005. Disponível em <http://www.saberviver.org.br/pdf/remedio_via_justica.pdf>. Acesso 05 out. 2010.

SOARES, Esther Bueno. União, Estados e Municípios. In: BASTOS, Celso (Coord.). *Por uma nova Federação*. São Paulo: Revista dos Tribunais, 1995. p. 77-95.

SOUZA, Adalberto Pimentel Diniz de. A mecânica do federalismo. *Revista de informação legislativa*, v. 42, n. 165, p. 169-176, jan./mar. de 2005.p. 170. Disponível em <http://www2.senado.gov.br/bdsf/bitstream/id/317/4/R165-15.pdf>. Acesso em 18 out. 2011.

TAVARES, André Ramos. *Curso de Direito Constitucional*. 2ª ed. São Paulo: Saraiva, 2003.

TAVARES, Geruza Rios Pessanha; SILVA, Daniela de Mello; BARCELOS, Patrícia Campanha, et.al. Diagnóstico das Ações Judiciais Direcionadas à Secretaria de Estado da Saúde do Espírito Santo. *Consad*: III Congresso Consad de Gestão Pública. 2009. Disponível em:<http://www.consad.org.br/sites/1500/1504/00001858.pdf>. Acesso em 20 dez. 2010.

VIANNA, Luiz Werneck; BURGOS, Marcelo Baumann; SALLES, Paula Martins. Dezessete anos de judicialização da política. *Tempo Social*. Revista de Sociologia da USP, v. 19, n. 2. p. 39-85, nov. 2007.

VIEIRA, Fabiola Sulpino. Assistência farmacêutica no sistema público de saúde no Brasil. *Rev Panam Salud Publica*, Washington, v. 27, n. 2, fev. 2010. Disponível em:<http://www.scielosp.org/scielo.php?script=sci_arttext&pid=S1020-4989 2010000200010&lng=en&nrm=iso>. Acesso em 01 fev. 2011.

——; ZUCCHI, Paola. Distorções causadas pelas ações judiciais à política de medicamentos no Brasil. *Rev. Saúde Pública*, São Paulo, v. 41, n. 2, abr. 2007. Disponível em:<http://www.scielosp.org/scielo.php?script=sci_arttext&pid=S0034-8910 2007000200007&lng=pt&nrm=iso>. Acesso em 12 jul. 2010.

WEICHERT; M. *Saúde e Federação na Constituição Brasileira*. Rio de Janeiro: Lumen Juris, 2004.

WILLIS, Eliza; GARMAN, Christopher da C. B.; HAGGARD, Stephan. The Politics of Decentralization in Latin America. *Latin American Research Review*, vol. 34, n. 1, 1999, p. 7-56.

Apêndice A
Tabelas referentes aos municípios segundo cada Estado

Cumprimento do percentual mínimo pelos municípios do Rio Grande do Sul[254]

	2000	2001	2002	2003	2004	2005	2006	2007	2008	2009	2010
I) Quantidade de Municípios que transmitiram (a+b)	467	497	497	497	496	496	496	496	496	496	496
(a) Aplicou o percentual da EC29	406	275	338	397	437	475	492	489	495	496	493
(b) Não aplicou o percentual da EC29	61	222	159	100	59	21	4	7	1	0	3
II) Quantidade que não transmitiram (c+d)	0	0	0	0	0	0	0	0	0	0	0
(c) Municípios que não informaram	0	0	0	0	0	0	0	0	0	0	0
(d) Quantidade de Municípios sem balanço	0	0	0	0	0	0	0	0	0	0	0
Quantidade de Municípios Existentes (I+II)	467	497	497	497	496	496	496	496	496	496	496

Cumprimento do percentual mínimo pelos municípios do Acre[255]

	2000	2001	2002	2003	2004	2005	2006	2007	2008	2009	2010
I) Quantidade de Municípios que transmitiram (a+b)	21	22	22	22	22	22	22	22	22	22	22
(a) Aplicou o percentual da EC29	13	12	18	18	19	21	22	22	22	21	22
(b) Não aplicou o percentual da EC29	8	10	4	4	3	1	0	0	0	1	0
II) Quantidade que não transmitiram (c+d)	1	0	0	0	0	0	0	0	0	0	0
(c) Municípios que não informaram	0	0	0	0	0	0	0	0	0	0	0
(d) Quantidade de Municípios sem balanço	1	0	0	0	0	0	0	0	0	0	0
Quantidade de Municípios Existentes (I+II)	22	22	22	22	22	22	22	22	22	22	22

---

[254] Fonte. SIOPS. Disponível em <http://siops.datasus.gov.br/evolpercEC29.php>. UF selecionada: Rio Grande do Sul. Relatório emitido em 29/11/2011 – 17:51:32. Tabela adaptada.

[255] Fonte. SIOPS. Disponível em <http://siops.datasus.gov.br/evolpercEC29.php>.UF selecionada: Acre Relatório emitido em 25/11/2011 – 20:54:35. Tabela adaptada.

Cumprimento do percentual mínimo pelos municípios de Alagoas[256]

	2000	2001	2002	2003	2004	2005	2006	2007	2008	2009	2010
I) Quantidade de Municípios que transmitiram (a+b)	98	101	101	101	100	102	102	101	99	98	94
(a) Aplicou o percentual da EC29	80	66	82	85	94	98	101	100	99	98	94
(b) Não aplicou o percentual da EC29	18	35	19	16	6	4	1	1	0	0	0
II) Quantidade que não transmitiram (c+d)	3	1	1	1	2	0	0	1	3	4	8
(c) Municípios que não informaram	0	0	0	0	0	0	0	1	2	4	8
(d) Quantidade de Municípios sem balanço	3	1	1	1	2	0	0	0	1	0	0
Quantidade de Municípios Existentes (I+II)	101	102	102	102	102	102	102	102	102	102	102

Cumprimento do percentual mínimo pelos municípios do Amapá[257]

	2000	2001	2002	2003	2004	2005	2006	2007	2008	2009	2010
I) Quantidade de Municípios que transmitiram (a+b)	7	15	15	13	13	16	16	16	16	16	16
(a) Aplicou o percentual da EC29	4	6	9	9	9	12	13	15	16	16	16
(b) Não aplicou o percentual da EC29	3	9	6	4	4	4	3	1	0	0	0
II) Quantidade que não transmitiram (c+d)	9	1	1	3	3	0	0	0	0	0	0
(c) Municípios que não informaram	0	0	0	0	0	0	0	0	0	0	0
(d) Quantidade de Municípios sem balanço	9	1	1	3	3	0	0	0	0	0	0
Quantidade de Municípios Existentes (I+II)	16	16	16	16	16	16	16	16	16	16	16

---

[256] Fonte. SIOPS. Disponível em <http://siops.datasus.gov.br/evolpercEC29.php>. UF selecionada: Alagoas Relatório emitido em 25/11/2011 – 21:02:01. Tabela adaptada.

[257] Fonte. SIOPS. Disponível em <http://siops.datasus.gov.br/evolpercEC29.php>. UF selecionada: Amapá. Relatório emitido em 25/11/2011 – 21:05:29. Tabela adaptada.

Cumprimento do percentual mínimo pelos municípios do Amazonas[258]

	2000	2001	2002	2003	2004	2005	2006	2007	2008	2009	2010
I) Quantidade de Municípios que transmitiram (a+b)	58	61	62	61	58	62	62	62	61	62	56
(a) Aplicou o percentual da EC29	49	39	30	39	46	59	60	62	58	62	56
(b) Não aplicou o percentual da EC29	9	22	32	22	12	3	2	0	3	0	0
II) Quantidade que não transmitiram (c+d)	4	1	0	1	4	0	0	0	1	0	6
(c) Municípios que não informaram	0	0	0	0	0	0	0	0	0	0	6
(d) Quantidade de Municípios sem balanço	4	1	0	1	4	0	0	0	1	0	0
Quantidade de Municípios Existentes (I+II)	62	62	62	62	62	62	62	62	62	62	62

Cumprimento do percentual mínimo pelos municípios da Bahia[259]

	2000	2001	2002	2003	2004	2005	2006	2007	2008	2009	2010
I) Quantidade de Municípios que transmitiram (a+b)	396	417	416	411	400	417	416	415	410	413	405
(a) Aplicou o percentual da EC29	310	260	324	353	343	405	413	406	402	411	401
(b) Não aplicou o percentual da EC29	86	157	92	58	57	12	3	9	8	2	4
II) Quantidade que não transmitiram (c+d)	19	0	1	6	17	0	1	2	7	4	12
(c) Municípios que não informaram	0	0	0	0	0	0	0	0	2	3	12
(d) Quantidade de Municípios sem balanço	19	0	1	6	17	0	1	2	5	1	0
Quantidade de Municípios Existentes (I+II)	415	417	417	417	417	417	417	417	417	417	417

---

[258] Fonte. SIOPS. Disponível em <http://siops.datasus.gov.br/evolpercEC29.php>. UF selecionada: Amazonas. Relatório emitido em 28/11/2011 – 11:49:18. Tabela adaptada.

[259] Fonte. SIOPS. Disponível em <http://siops.datasus.gov.br/evolpercEC29.php>. UF selecionada: Bahia. Relatório emitido em 28/11/2011 – 11:57:20. Tabela adaptada.

Cumprimento do percentual mínimo pelos municípios do Ceará[260]

	2000	2001	2002	2003	2004	2005	2006	2007	2008	2009	2010
I) Quantidade de Municípios que transmitiram (a+b)	183	184	184	184	183	184	184	184	183	184	184
(a) Aplicou o percentual da EC29	147	143	149	161	160	182	184	184	182	184	184
(b) Não aplicou o percentual da EC29	36	41	35	23	23	2	0	0	1	0	0
II) Quantidade que não transmitiram (c+d)	1	0	0	0	1	0	0	0	1	0	0
(c) Municípios que não informaram	0	0	0	0	0	0	0	0	0	0	0
(d) Quantidade de Municípios sem balanço	1	0	0	0	1	0	0	0	1	0	0
Quantidade de Municípios Existentes (I+II)	184	184	184	184	184	184	184	184	184	184	184

Cumprimento do percentual mínimo pelos municípios do Espírito Santo[261]

	2000	2001	2002	2003	2004	2005	2006	2007	2008	2009	2010
I) Quantidade de Municípios que transmitiram (a+b)	77	78	78	78	78	78	78	78	78	78	78
(a) Aplicou o percentual da EC29	61	54	71	65	65	75	78	78	78	78	78
(b) Não aplicou o percentual da EC29	16	24	7	13	13	3	0	0	0	0	0
II) Quantidade que não transmitiram (c+d)	0	0	0	0	0	0	0	0	0	0	0
(c) Municípios que não informaram	0	0	0	0	0	0	0	0	0	0	0
(d) Quantidade de Municípios sem balanço	0	0	0	0	0	0	0	0	0	0	0
Quantidade de Municípios Existentes (I+II)	77	78	78	78	78	78	78	78	78	78	78

---

[260] Fonte. SIOPS. Disponível em <http://siops.datasus.gov.br/evolpercEC29.php> UF selecionada: Ceará. Relatório emitido em 28/11/2011 – 17:34:03. Tabela adaptada.

[261] Fonte. SIOPS. Disponível em <http://siops.datasus.gov.br/evolpercEC29.php>. UF selecionada: Espírito Santo. Relatório emitido em 28/11/2011 – 17:38:50. Tabela adaptada.

Cumprimento do percentual mínimo pelos municípios de Goiás[262]

	2000	2001	2002	2003	2004	2005	2006	2007	2008	2009	2010
I) Quantidade de Municípios que transmitiram (a+b)	241	244	244	243	244	246	246	245	245	245	242
(a) Aplicou o percentual da EC29	184	133	169	185	192	237	242	241	244	245	240
(b) Não aplicou o percentual da EC29	57	111	75	58	52	9	4	4	1	0	2
II) Quantidade que não transmitiram (c+d)	1	2	2	3	2	0	0	1	1	1	4
(c) Municípios que não informaram	0	0	0	0	0	0	0	1	1	1	4
(d) Quantidade de Municípios sem balanço	1	2	2	3	2	0	0	0	0	0	0
Quantidade de Municípios Existentes (I+II)	242	246	246	246	246	246	246	246	246	246	246

Cumprimento do percentual mínimo pelos municípios do Maranhão[263]

	2000	2001	2002	2003	2004	2005	2006	2007	2008	2009	2010
I) Quantidade de Municípios que transmitiram (a+b)	172	197	195	178	168	215	213	211	206	215	211
(a) Aplicou o percentual da EC29	143	136	146	144	140	204	213	208	205	212	210
(b) Não aplicou o percentual da EC29	29	61	49	34	28	11	0	3	1	3	1
II) Quantidade que não transmitiram (c+d)	45	20	22	39	49	2	4	6	11	2	6
(c) Municípios que não informaram	0	0	0	0	0	0	1	1	0	2	6
(d) Quantidade de Municípios sem balanço	45	20	22	39	49	2	3	5	11	0	0
Quantidade de Municípios Existentes (I+II)	217	217	217	217	217	217	217	217	217	217	217

---

[262] Fonte. SIOPS. Disponível em <http://siops.datasus.gov.br/evolpercEC29.php>. UF selecionada: Goiás. Relatório emitido em 28/11/2011 – 17:56:19. Tabela adaptada.

[263] Fonte. SIOPS. Disponível em <http://siops.datasus.gov.br/evolpercEC29.php>. UF selecionada: Maranhão. Relatório emitido em 28/11/2011 – 17:59:17. Tabela adaptada.

Cumprimento do percentual mínimo pelos municípios do Mato Grosso[264]

	2000	2001	2002	2003	2004	2005	2006	2007	2008	2009	2010
I) Quantidade de Municípios que transmitiram (a+b)	124	139	139	139	139	141	141	141	141	141	141
(a) Aplicou o percentual da EC29	113	94	113	126	123	137	140	141	140	141	141
(b) Não aplicou o percentual da EC29	11	45	26	13	16	4	1	0	1	0	0
II) Quantidade que não transmitiram (c+d)	2	0	0	0	0	0	0	0	0	0	0
(c) Municípios que não informaram	0	0	0	0	0	0	0	0	0	0	0
(d) Quantidade de Municípios sem balanço	2	0	0	0	0	0	0	0	0	0	0
Quantidade de Municípios Existentes (I+II)	126	139	139	139	139	141	141	141	141	141	141

Cumprimento do percentual mínimo pelos municípios do Mato Grosso do Sul[265]

	2000	2001	2002	2003	2004	2005	2006	2007	2008	2009	2010
I) Quantidade de Municípios que transmitiram (a+b)	77	77	77	77	77	78	78	78	78	78	78
(a) Aplicou o percentual da EC29	61	47	59	68	65	77	78	78	78	78	78
(b) Não aplicou o percentual da EC29	16	30	18	9	12	1	0	0	0	0	0
II) Quantidade que não transmitiram (c+d)	0	0	0	0	0	0	0	0	0	0	0
(c) Municípios que não informaram	0	0	0	0	0	0	0	0	0	0	0
(d) Quantidade de Municípios sem balanço	0	0	0	0	0	0	0	0	0	0	0
Quantidade de Municípios Existentes (I+II)	77	77	77	77	77	78	78	78	78	78	78

---

[264] Fonte. SIOPS. Disponível em <http://siops.datasus.gov.br/evolpercEC29.php>. UF selecionada: Mato Grosso. Relatório emitido em 28/11/2011 – 18:02:44. Tabela adaptada.

[265] Fonte. SIOPS. Disponível em <http://siops.datasus.gov.br/evolpercEC29.php>. UF selecionada: Mato Grosso do Sul. Relatório emitido em 28/11/2011 – 18:04:52. Tabela adaptada.

Cumprimento do percentual mínimo pelos municípios de Minas Gerais[266]

	2000	2001	2002	2003	2004	2005	2006	2007	2008	2009	2010
I) Quantidade de Municípios que transmitiram (a+b)	848	853	853	851	851	853	853	853	853	853	851
(a) Aplicou o percentual da EC29	782	594	684	745	701	821	841	850	850	852	850
(b) Não aplicou o percentual da EC29	66	259	169	106	150	32	12	3	3	1	1
II) Quantidade que não transmitiram (c+d)	5	0	0	2	2	0	0	0	0	0	2
(c) Municípios que não informaram	0	0	0	0	0	0	0	0	0	0	2
(d) Quantidade de Municípios sem balanço	5	0	0	2	2	0	0	0	0	0	0
Quantidade de Municípios Existentes (I+II)	853	853	853	853	853	853	853	853	853	853	853

Cumprimento do percentual mínimo pelos municípios do Pará[267]

	2000	2001	2002	2003	2004	2005	2006	2007	2008	2009	2010
I) Quantidade de Municípios que transmitiram (a+b)	105	133	131	120	109	138	138	133	129	138	125
(a) Aplicou o percentual da EC29	80	85	105	93	85	129	136	127	123	138	125
(b) Não aplicou o percentual da EC29	25	48	26	27	24	9	2	6	6	0	0
II) Quantidade que não transmitiram (c+d)	38	10	12	23	34	5	5	10	14	5	18
(c) Municípios que não informaram	0	0	0	0	0	0	0	0	0	2	16
(d) Quantidade de Municípios sem balanço	38	10	12	23	34	5	5	10	14	3	2
Quantidade de Municípios Existentes (I+II)	143	143	143	143	143	143	143	143	143	143	143

---

[266] Fonte. SIOPS. Disponível em <http://siops.datasus.gov.br/evolpercEC29.php>. UF selecionada: Minas Gerais. Relatório emitido em 28/11/2011 – 18:06:51. Tabela adaptada.

[267] Fonte. SIOPS. Disponível em <http://siops.datasus.gov.br/evolpercEC29.php>.UF selecionada: Pará. Relatório emitido em 28/11/2011 – 18:14:59. Tabela adaptada.

Cumprimento do percentual mínimo pelos municípios da Paraíba[268]

	2000	2001	2002	2003	2004	2005	2006	2007	2008	2009	2010
I) Quantidade de Municípios que transmitiram (a+b)	223	223	223	223	223	223	223	223	222	222	218
(a) Aplicou o percentual da EC29	177	142	152	176	183	211	220	217	221	222	218
(b) Não aplicou o percentual da EC29	46	81	71	47	40	12	3	6	1	0	0
II) Quantidade que não transmitiram (c+d)	0	0	0	0	0	0	0	0	1	1	5
(c) Municípios que não informaram	0	0	0	0	0	0	0	0	1	1	5
(d) Quantidade de Municípios sem balanço	0	0	0	0	0	0	0	0	0	0	0
Quantidade de Municípios Existentes (I+II)	223	223	223	223	223	223	223	223	223	223	223

Cumprimento do percentual mínimo pelos municípios do Paraná[269]

	2000	2001	2002	2003	2004	2005	2006	2007	2008	2009	2010
I) Quantidade de Municípios que transmitiram (a+b)	396	399	399	398	398	399	399	399	399	399	399
(a) Aplicou o percentual da EC29	363	214	294	358	344	382	396	398	396	398	398
(b) Não aplicou o percentual da EC29	33	185	105	40	54	17	3	1	3	1	1
II) Quantidade que não transmitiram (c+d)	3	0	0	1	1	0	0	0	0	0	0
(c) Municípios que não informaram	0	0	0	0	0	0	0	0	0	0	0
(d) Quantidade de Municípios sem balanço	3	0	0	1	1	0	0	0	0	0	0
Quantidade de Municípios Existentes (I+II)	399	399	399	399	399	399	399	399	399	399	399

---

[268] Fonte. SIOPS. Disponível em <http://siops.datasus.gov.br/evolpercEC29.php>. UF selecionada: Paraíba. Relatório emitido em 28/11/2011 – 18:17:13. Tabela adaptada.

[269] Fonte. SIOPS. Disponível em <http://siops.datasus.gov.br/evolpercEC29.php>. UF selecionada: Paraná. Relatório emitido em 29/11/2011 – 17:38:52. Tabela adaptada.

Cumprimento do percentual mínimo pelos municípios de Pernambuco[270]

	2000	2001	2002	2003	2004	2005	2006	2007	2008	2009	2010
I) Quantidade de Municípios que transmitiram (a+b)	184	184	184	184	183	183	184	184	183	184	181
(a) Aplicou o percentual da EC29	142	135	140	164	143	169	183	179	182	183	179
(b) Não aplicou o percentual da EC29	42	49	44	20	40	14	1	5	1	1	2
II) Quantidade que não transmitiram (c+d)	0	0	0	0	1	1	0	0	1	0	3
(c) Municípios que não informaram	0	0	0	0	0	0	0	0	0	0	3
(d) Quantidade de Municípios sem balanço	0	0	0	0	1	1	0	0	1	0	0
Quantidade de Municípios Existentes (I+II)	184	184	184	184	184	184	184	184	184	184	184

Cumprimento do percentual mínimo pelos municípios do Piauí[271]

	2000	2001	2002	2003	2004	2005	2006	2007	2008	2009	2010
I) Quantidade de Municípios que transmitiram (a+b)	203	217	216	212	207	222	222	222	209	212	197
(a) Aplicou o percentual da EC29	154	109	134	153	183	218	218	222	205	211	196
(b) Não aplicou o percentual da EC29	49	108	82	59	24	4	4	0	4	1	1
II) Quantidade que não transmitiram (c+d)	18	5	6	10	15	1	1	1	14	12	27
(c) Municípios que não informaram	0	0	0	0	0	0	0	0	6	12	26
(d) Quantidade de Municípios sem balanço	18	5	6	10	15	1	1	1	8	0	1
Quantidade de Municípios Existentes (I+II)	221	222	222	222	222	223	223	223	223	224	224

---

[270] Fonte. SIOPS. Disponível em <http://siops.datasus.gov.br/evolpercEC29.php>. UF selecionada: Pernambuco. Relatório emitido em 29/11/2011 – 17:42:05. Tabela adaptada.

[271] Fonte. SIOPS. Disponível em <http://siops.datasus.gov.br/evolpercEC29.php>. UF selecionada: Piauí. Relatório emitido em 29/11/2011 – 17:44:30. Tabela adaptada.

Cumprimento do percentual mínimo pelos municípios do Rio de Janeiro[272]

	2000	2001	2002	2003	2004	2005	2006	2007	2008	2009	2010
I) Quantidade de Municípios que transmitiram (a+b)	90	92	92	92	92	92	92	92	92	92	91
(a) Aplicou o percentual da EC29	84	76	80	87	86	92	91	91	91	92	91
(b) Não aplicou o percentual da EC29	6	16	12	5	6	0	1	1	1	0	0
II) Quantidade que não transmitiram (c+d)	1	0	0	0	0	0	0	0	0	0	1
(c) Municípios que não informaram	0	0	0	0	0	0	0	0	0	0	1
(d) Quantidade de Municípios sem balanço	1	0	0	0	0	0	0	0	0	0	0
Quantidade de Municípios Existentes (I+II)	91	92	92	92	92	92	92	92	92	92	92

Cumprimento do percentual mínimo pelos municípios do Rio Grande do Norte[273]

	2000	2001	2002	2003	2004	2005	2006	2007	2008	2009	2010
I) Quantidade de Municípios que transmitiram (a+b)	153	159	162	153	153	162	162	161	162	163	161
(a) Aplicou o percentual da EC29	143	132	141	139	145	162	162	161	161	163	161
(b) Não aplicou o percentual da EC29	10	27	21	14	8	0	0	0	1	0	0
II) Quantidade que não transmitiram (c+d)	13	8	5	14	14	5	5	6	5	4	6
(c) Municípios que não informaram	0	0	0	0	0	0	0	1	1	3	5
(d) Quantidade de Municípios sem balanço	13	8	5	14	14	5	5	5	4	1	1
Quantidade de Municípios Existentes (I+II)	166	167	167	167	167	167	167	167	167	167	167

---

[272] Fonte. SIOPS. Disponível em <http://siops.datasus.gov.br/evolpercEC29.php>. UF selecionada: Rio de Janeiro. Relatório emitido em 29/11/2011 – 17:46:41. Tabela adaptada.

[273] Fonte. SIOPS. Disponível em <http://siops.datasus.gov.br/evolpercEC29.php>. UF selecionada: Rio Grande do Norte. Relatório emitido em 29/11/2011 – 17:48:34. Tabela adaptada.

Cumprimento do percentual mínimo pelos municípios de Rondônia[274]

	2000	2001	2002	2003	2004	2005	2006	2007	2008	2009	2010
I) Quantidade de Municípios que transmitiram (a+b)	52	52	52	52	52	52	52	52	52	52	52
(a) Aplicou o percentual da EC29	46	39	45	47	47	52	52	52	52	52	52
(b) Não aplicou o percentual da EC29	6	13	7	5	5	0	0	0	0	0	0
II) Quantidade que não transmitiram (c+d)	0	0	0	0	0	0	0	0	0	0	0
(c) Municípios que não informaram	0	0	0	0	0	0	0	0	0	0	0
(d) Quantidade de Municípios sem balanço	0	0	0	0	0	0	0	0	0	0	0
Quantidade de Municípios Existentes (I+II)	52	52	52	52	52	52	52	52	52	52	52

Cumprimento do percentual mínimo pelos municípios de Roraima[275]

	2000	2001	2002	2003	2004	2005	2006	2007	2008	2009	2010
I) Quantidade de Municípios que transmitiram (a+b)	14	15	15	15	15	15	15	15	15	15	13
(a) Aplicou o percentual da EC29	6	8	4	5	10	15	15	15	15	15	12
(b) Não aplicou o percentual da EC29	8	7	11	10	5	0	0	0	0	0	1
II) Quantidade que não transmitiram (c+d)	1	0	0	0	0	0	0	0	0	0	2
(c) Municípios que não informaram	0	0	0	0	0	0	0	0	0	0	2
(d) Quantidade de Municípios sem balanço	1	0	0	0	0	0	0	0	0	0	0
Quantidade de Municípios Existentes (I+II)	15	15	15	15	15	15	15	15	15	15	15

---

[274] Fonte. SIOPS. Disponível em <http://siops.datasus.gov.br/evolpercEC29.php>. UF selecionada: Rondônia. Relatório emitido em 29/11/2011 – 17:54:47. Tabela adaptada.

[275] Fonte. SIOPS. Disponível em <http://siops.datasus.gov.br/evolpercEC29.php>. UF selecionada: Roraima. Relatório emitido em 29/11/2011 – 17:56:18. Tabela adaptada.

Cumprimento do percentual mínimo pelos municípios de Santa Catarina[276]

	2000	2001	2002	2003	2004	2005	2006	2007	2008	2009	2010
I) Quantidade de Municípios que transmitiram (a+b)	293	293	293	293	293	293	293	293	293	293	293
(a) Aplicou o percentual da EC29	247	173	215	255	267	289	293	293	292	293	293
(b) Não aplicou o percentual da EC29	46	120	78	38	26	4	0	0	1	0	0
II) Quantidade que não transmitiram (c+d)	0	0	0	0	0	0	0	0	0	0	0
(c) Municípios que não informaram	0	0	0	0	0	0	0	0	0	0	0
(d) Quantidade de Municípios sem balanço	0	0	0	0	0	0	0	0	0	0	0
Quantidade de Municípios Existentes (I+II)	293	293	293	293	293	293	293	293	293	293	293

Cumprimento do percentual mínimo pelos municípios de São Paulo[277]

	2000	2001	2002	2003	2004	2005	2006	2007	2008	2009	2010
I) Quantidade de Municípios que transmitiram (a+b)	645	645	645	645	645	645	645	644	644	644	642
(a) Aplicou o percentual da EC29	636	509	593	625	599	630	643	643	643	644	642
(b) Não aplicou o percentual da EC29	9	136	52	20	46	15	2	1	1	0	0
II) Quantidade que não transmitiram (c+d)	0	0	0	0	0	0	0	1	1	1	3
(c) Municípios que não informaram	0	0	0	0	0	0	0	1	1	1	3
(d) Quantidade de Municípios sem balanço	0	0	0	0	0	0	0	0	0	0	0
Quantidade de Municípios Existentes (I+II)	645	645	645	645	645	645	645	645	645	645	645

---

[276] Fonte. SIOPS. Disponível em <http://siops.datasus.gov.br/evolpercEC29.php>. UF selecionada: Santa Catarina. Relatório emitido em 29/11/2011 – 17:58:01. Tabela adaptada.

[277] Fonte. SIOPS. Disponível em <http://siops.datasus.gov.br/evolpercEC29.php>. UF selecionada: São Paulo. Relatório emitido em 29/11/2011 – 18:00:10. Tabela adaptada.

Cumprimento do percentual mínimo pelos municípios de Sergipe[278]

	2000	2001	2002	2003	2004	2005	2006	2007	2008	2009	2010
I) Quantidade de Municípios que transmitiram (a+b)	74	75	75	75	75	75	75	75	75	75	74
(a) Aplicou o percentual da EC29	53	50	57	61	63	73	75	75	74	75	74
(b) Não aplicou o percentual da EC29	21	25	18	14	12	2	0	0	1	0	0
II) Quantidade que não transmitiram (c+d)	1	0	0	0	0	0	0	0	0	0	1
(c) Municípios que não informaram	0	0	0	0	0	0	0	0	0	0	1
(d) Quantidade de Municípios sem balanço	1	0	0	0	0	0	0	0	0	0	0
Quantidade de Municípios Existentes (I+II)	75	75	75	75	75	75	75	75	75	75	75

Cumprimento do percentual mínimo pelos municípios de Tocantins[279]

	2000	2001	2002	2003	2004	2005	2006	2007	2008	2009	2010
I) Quantidade de Municípios que transmitiram (a+b)	136	138	138	137	135	139	139	139	138	139	137
(a) Aplicou o percentual da EC29	101	76	91	110	123	138	137	137	138	138	136
(b) Não aplicou o percentual da EC29	35	62	47	27	12	1	2	2	0	1	1
II) Quantidade que não transmitiram (c+d)	3	1	1	2	4	0	0	0	1	0	2
(c) Municípios que não informaram	0	0	0	0	0	0	0	0	0	0	2
(d) Quantidade de Municípios sem balanço	3	1	1	2	4	0	0	0	1	0	0
Quantidade de Municípios Existentes (I+II)	139	139	139	139	139	139	139	139	139	139	139

---

[278] Fonte. SIOPS. Disponível em <http://siops.datasus.gov.br/evolpercEC29.php>. UF selecionada: Sergipe. Relatório emitido em 29/11/2011 – 18:08:53. Tabela adaptada.

[279] Fonte. SIOPS. Disponível em <http://siops.datasus.gov.br/evolpercEC29.php>. UF selecionada: Tocantins. Relatório emitido em 29/11/2011 – 18:10:19. Tabela adaptada.

Apêndice B
Quadro comparativo quanto aos itens incluídos e excluídos para fins de apuração como ações e serviços públicos de saúde[280]

Res. 322/2003[281]	LC 141/2012[282]
Quinta Diretriz: Para efeito da aplicação da Emenda Constitucional nº 29, consideram-se despesas com ações e serviços públicos de saúde aquelas com pessoal ativo e outras despesas de custeio e de capital, financiadas pelas três esferas de governo, conforme o disposto nos artigos 196 e 198, § 2º, da Constituição Federal e na Lei nº 8.080/90, relacionadas a programas finalísticos e de apoio, inclusive administrativos, que atendam, simultaneamente, aos seguintes critérios:	Art. 2º Para fins de apuração da aplicação dos recursos mínimos estabelecidos nesta Lei Complementar, considerar-se-ão como despesas com ações e serviços públicos de saúde aquelas voltadas para a promoção, proteção e recuperação da saúde que atendam, simultaneamente, aos princípios estatuídos no art. 7º da Lei nº 8.080, de 19 de setembro de 1990, e às seguintes diretrizes:
I – sejam destinadas às ações e serviços de acesso universal, igualitário e gratuito;	I – sejam destinadas às ações e serviços públicos de saúde de acesso universal, igualitário e gratuito;
II – estejam em conformidade com objetivos e metas explicitados nos Planos de Saúde de cada ente federativo;	II – estejam em conformidade com objetivos e metas explicitados nos Planos de Saúde de cada ente da Federação; e
III – sejam de responsabilidade específica do setor de saúde, não se confundindo com despesas relacionadas a outras políticas públicas que atuam sobre determinantes sociais e econômicos, ainda que com reflexos sobre as condições de saúde.	III – sejam de responsabilidade específica do setor da saúde, não se aplicando a despesas relacionadas a outras políticas públicas que atuam sobre determinantes sociais e econômicos, ainda que incidentes sobre as condições de saúde da população.
Parágrafo Único – Além de atender aos critérios estabelecidos no *caput*, as despesas com ações e serviços de saúde, realizadas pelos Estados, Distrito Federal e Municípios deverão ser financiadas com recursos alocados por meio dos respectivos Fundos de Saúde, nos termos do Art. 77, § 3º do ADCT.	Parágrafo único. Além de atender aos critérios estabelecidos no *caput*, as despesas com ações e serviços públicos de saúde realizadas pela União, pelos Estados, pelo Distrito Federal e pelos Municípios deverão ser financiadas com recursos movimentados por meio dos respectivos fundos de saúde.
Sexta Diretriz: Atendido ao disposto na Lei 8.080/90, aos critérios da Quinta Diretriz e para efeito da aplicação da EC 29, consideram-se despesas com ações e serviços públicos de saúde as relativas à promoção, proteção, recuperação e reabilitação da saúde, incluindo:	Art. 3º Observadas as disposições do art. 200 da Constituição Federal, do art. 6º da Lei nº 8.080, de 19 de setembro de 1990, e do art. 2º desta Lei Complementar, para efeito da apuração da aplicação dos recursos mínimos aqui estabelecidos, serão consideradas despesas com ações e serviços públicos de saúde as referentes a:

---

[280] Alguns trechos foram grifados com o objetivo de facilitar a leitura, todavia também existem grifos que vieram do texto original. Com o objetivo de possibilitar a comparação, alguns dispositivos foram reproduzidos mais de uma vez e alguns itens tiveram sua ordem alterada, mantida a numeração original.

[281] BRASIL. Conselho Nacional de Saúde. Resolução 322, de 08 de maio de 2003. Disponível em:<http://conselho.saude.gov.br/resolucoes/2003/Reso322.doc>. Acesso em 8 dez 2011.

[282] BRASIL. Presidência da República. Lei Complementar 141, de 13 de janeiro de 2012. Disponível em: <http://www.planalto.gov.br/CCIVIL_03/LEIS/LCP/Lcp141.htm>. Acesso em: 11 maio 2012.

I – vigilância epidemiológica e controle de doenças; II – vigilância sanitária;	I – vigilância em saúde, incluindo a epidemiológica e a sanitária;
III – vigilância nutricional, controle de deficiências nutricionais, orientação alimentar, e a segurança alimentar promovida no âmbito do SUS;	II – atenção integral e universal à saúde em todos os níveis de complexidade, **incluindo assistência terapêutica e recuperação de deficiências nutricionais;**
IV – educação para a saúde;	
V – saúde do trabalhador;	
VI – assistência à saúde em todos os níveis de complexidade;	II – **atenção integral e universal à saúde em todos os níveis de complexidade,** incluindo assistência terapêutica e recuperação de deficiências nutricionais;
VII – assistência farmacêutica;	
VIII – atenção à saúde dos povos indígenas;	
IX – capacitação de recursos humanos do SUS;	III – capacitação do pessoal de saúde do Sistema Único de Saúde (SUS);
X – pesquisa e desenvolvimento científico e tecnológico em saúde, promovidos por entidades do SUS;	IV – desenvolvimento científico e tecnológico e controle de qualidade promovidos por instituições do SUS;
XI – produção, aquisição e distribuição de insumos setoriais específicos, tais como medicamentos, imunobiológicos, sangue e hemoderivados, e equipamentos;	V – produção, aquisição e distribuição de insumos específicos dos serviços de saúde do SUS, tais como: imunobiológicos, sangue e hemoderivados, medicamentos e equipamentos médico-odontológicos;
XII – saneamento básico **e do meio ambiente, desde que associado diretamente ao controle de vetores,** a ações próprias de pequenas comunidades ou em nível domiciliar, **ou aos Distritos Sanitários Especiais Indígenas (DSEI)**, e outras ações de saneamento a critério do Conselho Nacional de Saúde;	VI – saneamento básico de domicílios ou de pequenas comunidades, desde que seja aprovado pelo Conselho de Saúde do ente da Federação financiador da ação e esteja de acordo com as diretrizes das demais determinações previstas nesta Lei Complementar; VII – **saneamento básico dos distritos sanitários especiais indígenas** e de comunidades remanescentes de quilombos; VIII – **manejo ambiental vinculado diretamente ao controle de vetores de doenças;**
XIII – serviços de saúde penitenciários, desde que firmado Termo de Cooperação específico entre os órgãos de saúde e os órgãos responsáveis pela prestação dos referidos serviços.	
XIV – atenção especial aos portadores de deficiência.	
XV – ações administrativas realizadas pelos órgãos de saúde no âmbito do SUS e indispensáveis para a execução das ações indicadas nos itens anteriores;	XI – ações de apoio administrativo realizadas pelas instituições públicas do SUS e imprescindíveis à execução das ações e serviços públicos de saúde; e
	IX – investimento na rede física do SUS, incluindo a execução de obras de recuperação, reforma, ampliação e construção de estabelecimentos públicos de saúde;
	X – remuneração do pessoal ativo da área de saúde em atividade nas ações de que trata este artigo, incluindo os encargos sociais;
	XII – gestão do sistema público de saúde e operação de unidades prestadoras de serviços públicos de saúde.

§ 1º No caso da União, excepcionalmente, as despesas com ações e serviços públicos de saúde da União financiadas com receitas oriundas de operações de crédito contratadas para essa finalidade poderão integrar o montante considerado para o cálculo do percentual mínimo constitucionalmente exigido, no exercício em que ocorrerem.	
§ 2º No caso dos Estados, Distrito Federal e Municípios, os pagamentos de juros e amortizações decorrentes de operações de crédito contratadas a partir de 1º.01.2000 para custear ações e serviços públicos de saúde, **excepcionalmente**, poderão integrar o montante considerado para o cálculo do percentual mínimo constitucionalmente exigido.	Art.24... § 3º Nos Estados, no Distrito Federal e nos Municípios, serão consideradas para fins de apuração dos percentuais mínimos fixados nesta Lei Complementar as despesas incorridas no período referentes à amortização e aos respectivos encargos financeiros decorrentes de operações de crédito contratadas a partir de 1º de janeiro de 2000, visando ao financiamento de ações e serviços públicos de saúde.
Sétima Diretriz: Em conformidade com o disposto na Lei 8.080/90, com os critérios da Quinta Diretriz e para efeito da aplicação da EC nº 29, não são consideradas como despesas com ações e serviços públicos de saúde as relativas a:	Art. 4º Não constituirão despesas com ações e serviços públicos de saúde, para fins de apuração dos percentuais mínimos de que trata esta Lei Complementar, aquelas decorrentes de:
I – pagamento de aposentadorias e pensões;	I – pagamento de aposentadorias e pensões, inclusive dos servidores da saúde;
II – assistência à saúde que não atenda ao princípio da universalidade (clientela fechada);	III – assistência à saúde que não atenda ao princípio de acesso universal;
III – merenda escolar;	IV – merenda escolar e outros programas de alimentação, ainda que executados em unidades do SUS, ressalvando-se o disposto no inciso II do art. 3º;
IV – saneamento básico, mesmo o previsto no inciso XII da Sexta Diretriz, realizado com recursos provenientes de taxas ou tarifas e do Fundo de Combate e Erradicação da Pobreza, ainda que excepcionalmente executado pelo Ministério da Saúde, pela Secretaria de Saúde ou por entes a ela vinculados;	V – saneamento básico, inclusive quanto às ações financiadas e mantidas com recursos provenientes de taxas, tarifas ou preços públicos instituídos para essa finalidade;
V – limpeza urbana e remoção de resíduos sólidos (lixo);	VI – limpeza urbana e remoção de resíduos;
VI – preservação e correção do meio ambiente, realizadas pelos órgãos de meio ambiente dos entes federativos e por entidades não governamentais;	VII – preservação e correção do meio ambiente, realizadas pelos órgãos de meio ambiente dos entes da Federação ou por entidades não governamentais;
VII – ações de assistência social não vinculadas diretamente a execução das ações e serviços referidos na Sexta Diretriz e não promovidas pelos órgãos de Saúde do SUS;	VIII – ações de assistência social;
VIII – ações e serviços públicos de saúde custeadas com recursos que não os especificados na base de cálculo definida na primeira diretriz.	X – ações e serviços públicos de saúde custeados com recursos distintos dos especificados na base de cálculo definida nesta Lei Complementar ou vinculados a fundos específicos distintos daqueles da saúde.
	II – pessoal ativo da área de saúde quando em atividade alheia à referida área;
	IX – obras de infraestrutura, ainda que realizadas para beneficiar direta ou indiretamente a rede de saúde; e

§ 1º **No caso da União,** os pagamentos de juros e amortizações decorrentes de operações de crédito, contratadas para custear ações e serviços públicos de saúde, **não** integrarão o montante considerado para o cálculo do percentual mínimo constitucionalmente exigido.	
§ 2º **No caso dos Estados, Distrito Federal e Municípios,** as despesas com ações e serviços públicos de saúde financiadas com receitas oriundas de operações de crédito contratadas para essa finalidade **não** integrarão o montante considerado para o cálculo do percentual mínimo constitucionalmente exigido, no exercício em que ocorrerem.	Art. 24... § 4º Não serão consideradas para fins de apuração dos mínimos constitucionais definidos nesta Lei Complementar as ações e serviços públicos de saúde referidos no art. 3º: I – **na União, nos Estados, no Distrito Federal e nos Municípios,** referentes a despesas custeadas com receitas provenientes de operações de crédito contratadas para essa finalidade ou quaisquer outros recursos não considerados na base de cálculo da receita, nos casos previstos nos arts. 6º e 7º;

Esse quadro não tem por objetivo comparar as disposições relativas ou conexas à base de cálculo. Não há aprofundamento nesse sentido, muito embora algumas disposições, aparentemente, possam suscitar esse assunto. A inclusão, nesse caso, ocorre em razão da forte conexão com o tema do quadro (ações e serviços...) e devido a sua posição nos artigos da lei e da resolução.

É possível ver que já a resolução de 2003 previa elementos importantes quanto aos itens incluídos ou excluídos para fins de apuração como ações e serviços públicos de saúde, inclusive com poucas variações em relação à lei complementar. Com relação a alguns itens que deixaram de ser previstos expressamente como incluídos fica a impressão de que talvez possam ser considerados. Cabe essa observação embora não seja objetivo desse trabalho valorar esse silêncio. Com relação às novas inclusões e exclusões expressas, é necessário observar que a presente pesquisa não tem o alcance de valorar o impacto orçamentário dessas alterações e, por hipótese, considera-se que itens isolados podem exercer significativa importância.